KB037924

어쩌면
ADHD
때문일지도
몰라

어쩌면
ADHD
때문일지도
몰라

산만한 마음들을 위한
성인 ADHD 탐구서

안주연 지음

"탱고는 실수할 게 없어요.
인생과 달리 단순하죠.
만약 실수를 하면 스텝이 엉키고,
스텝이 엉키면 그게 바로 탱고죠."

– 영화 <여인의 향기> 中

프롤로그

내가 ADHD면 어떡하지?
내가 ADHD였으면 좋겠다!

저는 프리랜서로 일하고 있는 편집자 김의심이라고
합니다. 네, 그렇습니다. 프리랜서, 그러니까 출퇴근을
하지 않고 자유롭게(?) 일하는 직업인이지요. 다니던
출판사를 그만두고 '자유인'이 되었을 때, 저는 이
자유 앞에서 잠시 기쁘고 행복했습니다. 물론 이
행복은 오래가지 않았지요. 시간이 갈수록 자유가
두려워졌습니다. 학교를 졸업한 뒤 사회에 나온 순간부터
항상 누군가 정해준 시간에 주어진 일을 해왔는데 이제는

일도 스스로 구해야 하고 시간도 스스로 정해야 한다는
가혹한 현실이 생생하게 다가왔거든요.

생활은 엉망이 되었습니다. 자는 시간, 일어나는 시간,
밥 먹는 시간, 일하는 시간은 제멋대로였고 시간 배분을
제대로 하지 못해 제시간에 업무를 마치지 못하는 일이
잦아졌습니다. 일을 하다가도 금세 다른 곳에 한눈을
팔았고 마감에 쫓기다가 무리하게 밤을 새우고 다음 날
혹은 그다음 날까지도 체력을 회복하지 못해 골골대기
일쑤였습니다. 아, 이런 나 자신이 정말 쓰레기처럼
느껴졌습니다. 나는 왜 이럴까. 왜 이 모양일까. 매일
스스로를 탓하고 자책하고 자학하며 자기 비하에
빠졌습니다.

그런데 최근 들어 세상 사람들이 'ADHD'라는
질병에 대해 부쩍 많이 이야기하기 시작했습니다.
소아·청소년기에 주로 발병한다는 주의력결핍/
과잉행동장애(Attention Deficit/Hyperactivity Disorder,
ADHD)라는 이 질병이 생각보다 많은 성인에게서
발견된다는 것입니다. 아니, 발견된다기보다는 어릴
때 제대로 진단과 치료를 받지 못한 채 그대로 성인이

되었을 수 있다는 것이었지요.

　눈이 번쩍 뜨였습니다. 이럴 수가, 그럼 내가 그 성인 ADHD 환자인가 보다! 내가 쓰레기라서 이러고 있는 게 아니라 ADHD 환자라서 그런가 봐! 느닷없이 광명을 찾은 기분에 한껏 들뜨고 말았지요. 생각해보면 저는 프리랜서가 되기 이전에도 학교와 직장에서 지각쟁이로 유명했고, 어릴 때는 집 안을 너무 어지르고 다녀서 엄마는 저를 따라다니며 널브러진 물건을 치우는 게 일상이었습니다. 시험 기간엔 늘 벼락치기로 위기를 모면했고 가만히 앉아서 하는 일을 견디지 못했으며 무슨 일을 하든 늘 산만했던 것 같습니다. 자세한 정보를 접할수록 제 과거의 시간들이 모두 ADHD라는 질병과 딱딱 맞아떨어지는 느낌이었달까요.

　하지만 바로 다음 순간, 덜컥 불안감이 엄습했습니다. 내가 진짜로 ADHD 환자면 어떡하지? 치료가 되는 병인가? 평생 약을 먹어야 하나? 어쩌면 평생을 함께 가야 하는 지병(?)일 수도 있는데 이게 지금 좋아할 일인가? 나의 이 한심한 상태가 차라리 질환이었으면 좋겠다는 마음과 내가 환자면 어떡하나 하는 걱정이 동시에 제 머릿속을 어지럽히기 시작했습니다.

　최근 몇 년 사이 SNS, 그중에서도 트위터에서
ADHD에 대한 이야기들이 특히 폭발적으로 늘었습니다.
이러저러한 사람은 병원에 가서 검사를 해봐라,
이러저러한 습관이 사실은 ADHD의 증상일 수 있다,
ADHD는 약을 먹으면 금방 좋아진다, 알고 보면 당신도
ADHD 환자일 수 있다, 조용한 ADHD라는 게 있다,
여성들은 특히 어릴 때 진단받기가 어렵다, 공부를
잘한다고 해서 ADHD가 아닌 것은 아니다, 당신의
잘못이 아니라 뇌가 아픈 것이다 등등. 마치 한국 사회에
처음 우울증이 가시화되기 시작하던 시기처럼 ADHD에
대한 정보가 폭주했습니다. 우울증에 대한 선입견과
스테레오타입을 깨부수는 치료 경험들이 터져 나오면서
많은 사람들이 자신의 상태를 자각하고 진료를 받게
된 것처럼, ADHD에 대한 정보들은 숨어있던 환자들을
병원으로 이끌었습니다. 그중에는 역시 예상한 대로
ADHD 진단을 받고 치료를 시작했다는 사람들이 적지
않았지요.

　급기야 ADHD에 대한 이야기가 범람한 나머지 온갖

것들이 ADHD 증상일 수 있다는 '기승전ADHD'라는 흐름마저 보이는 듯했습니다. 저처럼 평소에 좀 산만하거나 시간 약속을 지키지 못하거나 일에 집중하지 못하는 사람들이 "야 너두? 야 나두!"를 외치며 스스로를 ADHD 환자로 의심하곤 했습니다. ADHD 담론의 대유행(?)은 수면 아래에 있던 환자들이 제대로 진단받고 치료받게 되는 등 분명 긍정적인 결과를 불러왔지만, 아무 데나 ADHD를 갖다 붙이는 추세 또한 우려를 불러일으켰습니다.

한편, 이런 의문도 생겼습니다. "왜 지금, 성인 ADHD가 이렇게 뜨거운 주제가 되었을까?" ADHD가 코로나19처럼 어느 날 갑자기 생겨난 질병도 아닌데 어째서 지금 이렇게 큰 관심을 받는 것인지 생각해보지 않을 수 없었지요. 이 의문은 '내가 ADHD인가, 아닌가'에서 'ADHD의 실체를 알고 싶다'는 생각으로 이어졌습니다. 그래서 저는 정신건강의학과 전문의 선생님을 만나보기로 했습니다. 다니던 병원에서 ADHD 진단을 위한 검사를 받기 전에, SNS에서 떠도는 이런저런 이야기에 휩쓸리지 않고 ADHD에 대해 좀 더 정확하게 아는 것이 이 질병에 바르게 대처하는 길이라 생각했거든요. 그렇게 저는 마인드맨션의원 안주연 선생님의 진료실 문을 두드렸습니다.

둠칫, 둠칫, 꽈당!
조금 기우뚱거려도 괜찮아요

김의심 씨, 안녕하세요. 시간 맞춰 오느라 애쓰셨어요.
오, 짐이 많으시네요. 펼쳐진 노트북은 여기 책상
위에 놓고 사용하시면 되고, 가방이랑 옷은 옆의
의자에 놓으시고요. 어, 위험해요, 그 종이컵은 제가
받아드릴게요.

   반갑습니다. 저는 정신건강의학과 전문의
안주연입니다. 성인 ADHD가 무엇이고, 어떻게 진단하고
치료하는지 많은 것이 궁금하다는 김의심 씨의 메일을

받고 조금은 긴장되고 또 기대되는 마음으로 오늘의 만남을 기다리고 있었어요.

제가 정신건강의학과 의원을 개원하고 많은 환자분들을 만났는데요, 저희 병원에는 20~40대 여성분들이 많이 찾아오세요. 그런데 최근 눈에 띄게 달라진 점이 바로 성인 ADHD 환자들이 부쩍 늘었다는 거예요. 성인 ADHD로 의심되는 증상을 호소하시는 분들도 많고 여러 공존 질환들이 복합적으로 나타나 어려움을 겪는 분들이 최근 2~3년 사이에 크게 늘었습니다. 그러다 보니 다양한 증상을 가진 환자분들을 치료하고 생활 관리에 대해서도 함께 논의하면서 이 질환을 점점 더 깊이 이해하게 되었어요. 병원으로 성인 ADHD 진단에 대해 많이 문의해오시는 것은 물론, 여러 매체에서 성인 ADHD에 대한 자문과 인터뷰 요청도 늘었습니다.

인터넷에도 성인 ADHD에 대한 정보가 많고, 국내외에서 전문가와 질환 당사자들이 쓴 참 좋은 책들이 많이 출간되었지만, 아직도 많은 분들이 성인 ADHD에 대해 잘 모르고 궁금해하신다는 것을 피부로 느낍니다.

그래서 성인 ADHD 전문가와 당사자를 이어줄, 일종의
질문자이자 해설자가 필요하지 않을까 생각하고
있었거든요.

그래서 저는 의심 씨가 많은 짐을 되는 대로 마구
걸치고 들어오셔서 진료실 문을 채 닫기도 전에
물이 담긴 종이컵을 엎을 뻔했을 때 너무 반갑고
놀라웠답니다. 어릴 때부터 지각과 어지름과 미루기로
고생하셨다는 의심 씨야말로(이 진단을 받게 되든, 받지
않게 되든) 저와 함께 성인 ADHD에 대한 이야기를 나눌
적임자로 느껴졌거든요! 의심 씨의 궁금증을 함께
풀어가다 보면, 자연스럽게 성인 ADHD 환자들에게
유용한 정보를 드리며 치료와 관리법을 안내할 수
있을 것 같아 무척 흥분됩니다. 그리고 우리가 나누는
이야기들이 의심 씨가 느껴온 산만함과 그간의 삶을
이해하는 데에도 도움이 될 것 같다는 느낌도 들어요.

우리가 살아가면서 스스로를 이해하고 생활과 건강을
관리하려 할 때 중요한 것이 참 많죠. 정신건강 측면만
보더라도 사고, 기분, 불안, 잠과 식욕, 성욕 등 정말
많은 것들이 영향을 미칩니다. 여기에 더해, 한번쯤

점검해봐야 할 것이 주의력과 실행 기능에 대한 것인 듯해요. 나의 정신이라는 것은 일종의 소프트웨어, 그러니까 운영체제라고 할 수 있거든요. 챙겨야 할 것도, 지속해야 할 것도, 때로는 걸러야 할 것도, 또 참아야 할 것도 많은 우리의 삶. 그리고 이를 가능케 해주는 주의력과 실행 기능, 이 부분에 어려움이 있다면 삶은 균형과 리듬을 잃고 약간씩 기우뚱거릴 수도 있습니다. 어설픈 느낌으로 둠칫, 두둠칫, 두두둠칫 하면서 말이지요. 이 불안정한 박자를 끌어안고 어떻게든 살아나가는 많은 성인 ADHD인들의 이야기를 우리 함께 듣고, 이해해볼까요?

* 이 책에서 기술하는 환자분들의 사례와 구체적 경험담은 모두 당사자의 허락을 받았습니다. 효과적인 설명을 위해 사례를 수록하는 것에 관해, 성인 ADHD를 가시화한다는 공익적인 목적을 위해서라면 얼마든지 인용해도 좋다며 모든 환자분이 흔쾌히 허락해주셨습니다. 또한 성인 ADHD를 의심하거나 치료하는 분들을 위한 본인의 노하우와 지지의 마음도 덧붙여주셨습니다. 자신이 믿고 지지하는 가치를 위해 용감하고

헌신적인 연대자이자 활동가가 되고자 하는 ADHD 환자 여러분의 열린 마음에 박수를 보내며, 다시 한번 사례 수록에 동의해주신 분들께 감사드립니다.

차례

필요할 때 찾아보세요

ADHD,
이해와
오해

ADHD,
왜 이렇게
핫하죠?

정신과 질환에 '유행'이라는
말을 붙이는 게 어색하지만,
정말 유행이 아닌가 싶을 정도로
요즘 성인 ADHD에 대한 관심이
많아지고 있는 것 같아요.
실제로 환자가 많아졌나요?

제가 정신건강의학과 의원을 연 것이 2016년도였어요.
오피스 지역에 자리한 병원이라 주로 20~40대 환자들이
많기 때문에 소아에게서 주로 진단되는 ADHD 환자를
만날 일이 그리 많지 않았죠. 그런데 2018년 경부터 성인
ADHD에 대해 언급하거나 진단을 받고 싶어 하는 분들이
부쩍 늘어났어요.

　저도 처음에는 진단을 내리기가 무척 어려웠습니다.
성인에게서 나타나는 ADHD 증상들은 소아와는 양상이
달랐고, 다른 주요 정신질환 증상과 헷갈리는 부분이
많았으니까요.

성인 ADHD를 생각했을 때 제일 먼저 떠오르는, 저에게 큰 경험과 배움을 준 환자분이 계십니다. 저는 이분 덕에 성인 ADHD라는 질환을 더 인지하게 되어 깊이 공부하기 시작했거든요.

2016년부터 2년간 열심히 진료받았던 20대 여성 환자분인데요, 편의상 최성장 님이라고 불러볼게요. 처음 내원하셨을 때 성장 님의 주된 어려움은 '에너지 레벨의 기복이 심하다, 무기력할 때가 많다, 그러다가 덕질에만 과몰입한다, 감정 기복이 있다, 스트레스를 받으면 현실도피적으로 많이 자고 폭식이 심한데 조절하기 어렵다'였습니다. 일과 학업이 과중해 지친 나머지 더 무기력해지고 일상에서 적절한 긴장감을 유지하기 어려워하셨지요. 충동성이 강하고 에너지 레벨의 기복이 있는 가족력을 참고하고, 우울증이 나타날 때 우울한 감정이나 불안보다는 무기력, 과수면이 더 두드러지는 것을 고려해 조울병을 주 진단으로 하여 약물 치료를 시작했습니다.

치료가 진행되어 에너지 레벨의 균형이 잡히고 우울감이 조절될 때 성장 님은 마침 복학을 했습니다.

많이 나아졌다는 생각에 학교도 열심히 다니고 과제도
열심히 했다고 해요. 그런데 다른 부분은 꽤 좋아졌는데,
아침에 일어나 학교 가는 것만은 여전히 너무 힘들고
잘 안된다고 하셨어요. 여러 가지 수면 보조 약물을
처방하고 수면 위생에 대한 교육과 상담도 진행했지만
수면 리듬이 한번 틀어지면 몇 주씩 돌아오지 않고
밤낮이 뒤바뀌곤 했어요. 우울감이 호전되면 생활
리듬도 좋아질 줄 알았는데 여전히 일어나는 것이 힘들고
그것이 생활 전반에 부정적인 영향을 미치니 많이
답답해하셨습니다. 그러다 어느 날부터 병원에 발길을
끊었는데, 저는 성장 님의 안부가 무척 궁금했습니다.

   그리고 2022년, 오랜만에 성장 님이 다시
내원하셨습니다. 잘 지내셨는지, 치료는 지속하셨는지
물었더니 놀라운 이야기를 해주었어요.

   2018년은 사회에 나갈 준비를 하던 성장 님에게
매우 중요한 시기였다고 합니다. 그런데 기상을 비롯한
일상 루틴이 잡히지 않고 무기력이 지속되니 혹시 하는
마음으로 소아·청소년 정신건강의학과에 찾아갔다고
해요. 그곳에서 곧바로 성인 ADHD를 진단받고 약물

치료에 들어갔는데, 거짓말처럼 아침에 일어나는 게
어렵지 않게 됐고 무기력과 충동성도 조절이 되었다고
합니다. 학교생활도 정상적으로 할 수 있게 되었고요.
해당 병원 주치의 선생님은 성장 님이 조울병도 가지고
있고 이것은 이전 병원에서 잘 치료되고 있었지만,
ADHD가 진단이 안 되었다 보니 증상 호전이 완전하지
못했던 것 같다는 소견을 말씀해주었다고 합니다.

저도 그사이에 성인 ADHD로 의심되는 환자들을 더
많이 만나고 공부도 해왔기 때문에 성장 님의 이야기를
듣는 순간 머릿속의 퍼즐이 딱 맞춰지는 기분이
들었습니다. '아! 그랬구나! 열심히 치료해도 효과가
20%쯤 부족한 그 느낌이 바로 발견하지 못했던 ADHD
때문이었구나!'

좌절감을 느꼈을 성장 님에게 굉장히 죄송스러운
마음이 들었습니다. 이전 진료 시에는 성인 ADHD에
대한 이해가 부족했고, 많은 사례를 경험하지 못했기에
성장 님의 ADHD를 알아채지 못했다고 솔직하게
이야기하며 사과를 드렸지요. 다행히 성장 님은 자신의
질환에 대해 스스로 많은 정보를 찾고 공부해오면서 성인

ADHD가 진단받기 어려운 이유를 잘 알고 계셨고 흔쾌히
제 사과를 받아주셨습니다.

최성장 님의 이야기에는 성인 ADHD의 특성들이
많이 담겨있습니다. 대표적 증상인 주의력 저하와
과잉행동보다 무기력이나 과집중, 수면 문제 등 다른
양상이 더 두드러지게 나타날 수 있다는 것, 그래서 정신
건강에 대한 도움을 청해도 진단받기 어려울 수도 있다는
것, 다른 정신 질환과 독립적으로 또는 연관되어 나타날
수 있다는 것, ADHD 증상으로 인한 일상의 어려움이
다시 정신건강을 악화시킬 수 있다는 것 등 말입니다.

성장 님과 같은 과정을 거친 분들이 적지 않으리라
생각됩니다. 뭔가 나를 힘들게 하는 부분이 있는데
병원에 가도 해소되지 않아 답답했다거나, 다른
기분장애나 중독 관련 장애인 줄 알았는데 뜻밖에도 성인
ADHD 진단을 받게 되는 사례들 말이에요.

그간 ADHD에 대한 연구와 치료 경험이 늘어나면서
이 질환이 한 사람의 삶에 드리우는 영향에 대한 이해가
깊어졌다고 생각됩니다. 그것이 이 질환을 둘러싼
정신건강 전문가들과 당사자들의 공감과 소통에 영향을

미쳤기에 이런 변화가 일어나고 있다고 봅니다. 그리고 지금 이 변화의 과정 속에서 그동안 알지 못했던 자신의 ADHD 증상을 확인하는 분들이 빠른 속도로 늘어가고 있는 것 같아요.

통계를 살펴보면 더욱 명확해집니다. 건강보험심사평가원에 따르면 ADHD로 진단받은 30대 환자가 2018년 2,325명에서 2022년에는 16,376명으로 무려 7배나 급증했다고 해요. 20대의 경우도 7,610명에서 33,672명으로 4배나 증가했다고 하고요. 실로 엄청난 증가세지요. 그러니까 '성인 ADHD 환자가 늘었다'는 것은 느낌이 아니라 사실인 것입니다.

어떤 질환의 환자가 폭발적으로 늘었다면 그만한 이유가 있지 않을까 싶은데요, 성인 ADHD 환자가 증가한 이유가 뭘까요?

●

요즘 SNS나 일상에서도 성인 ADHD에 대한 자가
테스트나 치료 경험담들이 참 많이 보이죠. 이것도
일종의 유행인가, 생각한 분들도 많을 거예요. 그런데
혹시 그거 아세요? ADHD, 그러니까 지금 우리가
사용하는 주의력결핍/과잉행동장애(Attention Deficit/
Hyperactivity Disorder)라는 질환의 명칭이 정립된 게
1987년이라는 사실 말이에요.

네? 겨우 36년 전이잖아요!

●

미국정신의학회에서 발행하는 DSM(Diagnostic and
Statistical Manual of Mental Disorders)이라는 '정신질환의
진단 및 통계 편람'이 있습니다. 정신질환을 진단하기
위한 일종의 진단 기준 모음이라고 생각하시면 되는데요,

지금 우리가 부르는 ADHD라는 진단명이 DSM에 등재된 것이 바로 1987년의 일이랍니다. 네, 겨우 36년 전이요! 진단과 치료, 그리고 연구가 본격적으로 시작된 지 얼마 안 되었으니 다른 질환과 비교하면 굉장히 젊은(?) 병으로 볼 수 있겠죠.

처음 ADHD라는 질환이 정립되었을 때는 소아에게만 발병한다고 생각했지만, 여러 의사들이 ADHD 소아 환자들을 치료하다 보니 성인이 되어서도 여전히 증상이 남아있을 수 있다는 걸 알게 되었습니다. 여러 사례와 연구들을 반영해 2013년에 소아기 질환이 아닌 신경발달장애로 새롭게 분류되었고, 성인 진단 기준이 마련될 수 있었습니다. 소아 ADHD를 진단할 때는 9개 문항 중 6개 이상이 해당되어야 하는데, 성인 ADHD는 5개 이상 해당되면 진단할 수 있도록 기준도 완화되었고요.

특히 중요한 변화는 진단 조건이 달라진 것인데요, DSM에서 제시하는 거의 모든 정신질환의 조건에는 "사회적, 학업적 또는 직업적 기능 영역에서 임상적으로 현저한 손상을 초래하는"이라는 말이 들어갑니다.

정신질환이 보통 당사자의 진술을 바탕으로 진단이 이루어지다 보니 주관적인 고통에 더해 객관적이고 명백한 기준이 필요했기 때문일 거예요. 그런데 이 진단 조건이 "사회적, 학업적 또는 직업적 기능 영역에서 기능의 질을 방해하거나 감소시키는"으로 바뀌었습니다. '임상적으로 현저한 손상을 초래하는'이라는 조건이 '기능의 질을 방해하거나 감소시키는'이라는 조건으로 완화되면서, 성인 ADHD의 진단이 좀 더 많은 분들의 어려움을 포용할 수 있게 되었다고 생각해요.

또 성인 ADHD를 진단할 때 가장 중요한 것은 '소아기에도 증상이 존재했는가'인데요, 여기서 '소아기'에 대한 범위를 '7세 이전'에서 '12세 이전'으로 확대시킨 것도 영향을 미쳤습니다. 35세쯤 되어 병원을 찾은 사람에게 "7세 이전에는 어땠나요?"라고 물어보면 제대로 답변할 수 있는 사람은 거의 없을 거예요. 7세 이전이라니… 저도 기억이 잘 안 나는걸요! 소아기의 범위가 12세로 올라가면서 환자도 기억을 떠올리기 수월해졌고 생활기록부 같은 자료도 활용할 수 있으니 성인 ADHD의 진단이 좀 더 유연하게 확대될 수 있었다고 생각해요.

환자가 늘었다고 해서 사회적 관심도 비례해서 높아지는 건 아닐 텐데, 한국 사회에서의 ADHD에 대한 관심은 상당한 것 같아요. '나도 ADHD일지도 몰라!' 하며 자신에게 적용해보는 사람들도 많아졌고요.

○

일단 기본적으로 자신의 정신질환에 대해 이야기하는 것 자체가 이전에 비해 자유로워졌다는 걸 무시할 수 없겠지요. 우울증, 조울병, 조현병, 중독 등 정신건강의학과에서 주요하게 다루는 질환을 겪는 환자들이 그동안은 자기 병을 드러내는 걸 주저했지만, 최근 몇 년 사이 다양한 경로로 투병기나 경험담을 공유하기 시작했습니다. 책은 물론이고 각종 SNS,

유튜브 영상, 강연 등으로도요. 본격 스마트폰 시대에 접어들면서 쉽게 자신의 이야기를 할 수 있는 채널이 많아졌기 때문일 것입니다. 환자가 늘고 사례가 많아지면서 연구도 더욱 활발해졌고 언론에서도 연구 결과들을 앞다투어 다룹니다. 이렇게 ADHD에 대한 정보가 다양한 채널로 제공되니까 ADHD에 대한 여러 담론에 노출되기도 쉬워졌겠지요.

그러다 보니 반감을 가지는 사람도 있을 것입니다. 뭐든 ADHD로 설명하는 걸 경계해야 하지 않는가, 성인 ADHD 진단이 너무 많아지는 것이 문제 아닌가, ADHD를 질환으로 보는 것이 옳은가 등의 문제 제기도 나오고 있습니다. 그러나 최근의 연구들은 ADHD 진단 증가가 환자 발생 증가를 의미하기보다는 환자들이 겪는 어려움이 더 잘 감지된 결과라고 보고하고 있어요. 저 역시 이 시각에 동의합니다.

한국에서의 ADHD에 대한 관심은 한국 사회의 특성과도 무관하지 않다고 생각해요. 현재를 살아가는 한국인 독자 여러분, '사는 게 팍팍하다'는 생각 자주 하시죠? 한국 사회 특유의 기민하고, 경쟁적인 분위기 때문에 겪는 피로와 스트레스로 많은 분들이 어려움을 느끼지만 마음 돌봄에는 신경을 쓸 여유가 없지요.

정신질환의 진단에는 당사자가 이 질환에 의해 얼마나 큰 손실과 고통을 경험하느냐도 중요합니다. 그러니 진단을 할 때 우리가 살아가는 사회문화적 특성을 고려하지 않을 수 없습니다.

사회문화적 특성은 시대가 변하면서 함께 변화하기 마련입니다. 최근 ADHD에 대한 관심이 높아진 것도 빠르게 변화하는 우리 시대의 모습을 반영했기 때문이라고 생각해요. 안 그래도 '팍팍'한 한국 사회에서 특히 청년 세대들이 겪는 불안과 좌절, 압박은 이전 세대와는 비교할 수 없을 만큼 커졌습니다. 예전에는 어떤 것을 성취하기 위해 60 정도의 에너지와 노력이 필요했다면 이제는 120의 힘을 들여도 뜻대로 잘 되지 않지요. 그러다 보면 목표에 도달하기가 너무 어렵고, 차라리 목표를 낮추거나 없애버리고 싶어지고요. 그런데도 조직이나 사회가 요구하는 기준은 여전히 팍팍합니다.

이렇게 일의 속도와 완성도에 대한 기준이 얼마나

높은지에 따라 '산만하다', '업무 처리에 시간이 많이 걸린다'는 평가 기준도 달라지겠지요. 주의력을 조절하기 어렵거나 행동이 부산스러운 것이 업무와 대인 관계에 얼마나 큰 지장을 불러오는지에 따라서, 한 사람의 실수나 지연을 어느 정도까지 수용해주는지에 따라서도 달라지고요. 청년 세대가 살아가야 할 사회의 생활 여건은 점점 나빠지고 희망은 사라지는데 이러한 기준은 오히려 높아지는 것처럼 보입니다. 그러니 직장에서 나의 생산성에 대해 고민하지 않을 수 없게 됩니다.

거기에 더해 지금의 청년 세대, 특히 여성들의 경우 가족과의 동거에서 벗어나 독립적인 삶을 추구하고자 하는 경향이 강해졌습니다. 한 사람의 성인으로 온전히 독립하기 위해서는 주거 안정과 적절한 재정 상태를 갖추는 것은 물론 건강과 일상을 관리하는 일이 매우 중요합니다. 독립이라는 건 홀로 설 수 있는 한 인간이 되는 일이니까요. 결국 내가 나 하나를 건사하려면 이 한 몸 갈아 넣어 더 효율적이고, 더 생산적이고, 더 역량이 뛰어난 '능력자'가 되어야 한다는 압박이 강해질 수밖에 없겠지요.

이 과정이 결코 순탄하지만은 않을 것입니다. 일을 잘하고 싶은데 집중이 되지 않고, 실수가 잦아 상사에게 혼이 나고, 5분만 지각해도 월급이 차감되는 상황이라면, 어떻게든 원인을 찾아 해소하고 싶은 마음이 들겠지요. 여기서 바로 '내가 혹시 ADHD 아닐까'라고 의심하게 되는 경우가 많은 것 같습니다. 사실 정해진 시간에 출근하고 퇴근하는 것, 업무를 계획하고 실행하는 것, 조직에서 동료나 협업자와 관계를 맺는 것, 소위 '사회생활'이라고 불리는 일련의 규칙들을 따라가는 게 누구에게나 쉬운 일은 아닙니다. 번아웃이 심해서, 우울해서, 불안해서, 기력이 없어서 쉽지 않을 수도 있고요.

하루를 효율적으로 살아내고, 여가 시간도 알차게 보내고, 자기계발까지 완벽하게 하는 사람이 사실 어디 있겠어요? 그럼에도 각종 SNS들을 보면 불안해집니다. '페친' A는 새벽부터 일어나 운동을 하고 직장에 갔다가 퇴근 후에는 자기계발을 위한 직무 강의를 들으러 가요. '인친' B는 주말이면 서핑을 하러 강원도에 가거나 친구들과 고급 호텔에서 호캉스를 즐깁니다. '트친'

C는 하루가 멀다 하고 회사에서 일 못하는 후배 흉을 보기 바쁩니다. 우리는 SNS를 통해 타인이 어떻게 살고 있는지 너무나 쉽게 관찰할 수 있는 사회에 살고 있죠. 세상 사람들이 나만 빼고 어쩜 그렇게 잘 살고 있는지 휴대폰을 열 때마다 한숨이 절로 나옵니다. 유튜브 영상이라고 다를까요? '일잘러'를 자부하는 사람들은 너도나도 자신의 사회생활 노하우를 '가르치고', 나도 이렇게 성공했으니 너도 이렇게 해보라는 권유들이 넘쳐납니다. 다들 최고 수준의 부, 최고 수준의 업무 스킬, 최고 수준의 자기계발 역량을 가진 것 같아서 자꾸만 초조하고 불안해집니다.

그런데 저는 타인의 삶에 별로 관심이 없어서 설령 그런 걸 보더라도 크게 동요되지 않거든요. 100억짜리 빌딩 주인이 되고 싶은 것도 아니고, 인플루언서가 되고 싶은 것도 아니니까요. 그럼에도 왜 '내가 ADHD

아닐까' 하는 생각을 하고 있는 건지 모르겠어요.

타인의 삶에 관심이 없고 주변 환경에 크게 흔들리지 않는 사람이라도 이런 영향에서 완전히 자유로울 수는 없을 거예요. 사회적 분위기라는 게 나 혼자만의 정신력으로 견딜 수 있는 건 아니니까요. 우리는 이제 AI와도 경쟁해야 하고 정보는 너무 많습니다. 내재적 압력이 점점 커지는 환경에서 내가 아무리 SNS에 영향받지 않고 남의 삶에 관심이 없어도 나를 평가하는 고용주, 내가 몸담은 업계가 계속 더 큰 능력을 요구하고 비교합니다. 이런 조건에서 나만의 느긋한 기준과 속도로 살아가기란 거의 불가능에 가깝지 않을까요.

그런데 또 하나의 가능성도 조심스럽게 말씀드려봅니다. 의심 씨처럼 '갓생'을 살거나 부와 명예를 추구하는 것도 아니고, 그저 자기 앞가림하며 살고 싶을 뿐인데도 '왜 자꾸 내가 ADHD가 아닐까

생각하고 있지?' 하는 의문을 품는 경우를 종종
보았습니다. 이분들 중 일부는 정말 주의력과 실행
기능이 저하되어 있을 수도 있어요. 그렇다면 생활
속에서 스스로 어딘가 균형이 안 맞다고 느끼며 묘한
불편감이나 심리적 어려움을 겪고 있을 수도 있거든요.
그렇다고 엄청나게 우울하거나 불안한 것도 아니지만
뭐라 형용할 수 없는 삐걱거림이 자꾸만 신경이 쓰일지도
모릅니다.

　그런 의미에서 의심 씨, 실례가 되지 않는다면 하나만
여쭤볼게요. 아까 허둥거리며 진료실에 들어오고 지금도
녹음기 켜는 것을 잊었다가 나중에 켜는 모습을 보니
궁금해졌어요. 혹시 "똑똑한 바보", "좋아하는 것만
잘하고 나머지는 천치", "넌 왜 하고 싶은 것만 해?" 이런
얘기 들어보지 않으셨어요?

**헉! 혹시 CCTV세요? 저 어릴 때부터
그런 말 진짜 많이 들었어요. "미리미리
좀 해라. 왜 닥쳐서 하냐", "할 수**

있으면서 왜 안 해?" 등등 온갖 잔소리를 들으며 살았다고요!

○

그랬을 것 같아요.(웃음) 의심 씨의 인지능력이나 업무 처리 능력이 떨어진다기보다는 어떤 부분은 상대적으로 훌륭하고 어떤 부분은 상대적으로 부족한, 즉 그 편차가 크고 불균형한 상태여서 그럴 거예요. 그러니까 대단한 욕심을 부린 게 아닌데도 힘든 거죠. '나는 왜 저렇게 살지 못할까?', '남들은 다 잘하는데 나는 왜 안될까?' 하는 비관적인 생각에 빠지게 되고요. 자꾸만 '나는 정상이 아니다'라는 고민을 하곤 하는데, 때마침 주의력과 집중력, 도파민 등에 대한 이야기가 들려오니 '내가 혹시 ADHD라서 그런 게 아닐까?'라는 의심을 하게 되죠. 정리도 잘 안되고 생산성도 떨어지고 산만하기 그지없는 나의 이런 상태가 사실은 질환 때문이 아닐까 생각하게 되는 건 어쩌면 아주 자연스러운 현상일지도 모릅니다. 질환이라 생각하면 나의 상태를 '교정할 수

있다'는 희망을 갖게 되고 좀 더 나아질 수 있을 거라는
기대도 품게 됩니다. 그런데 그것은 단순한 기대가 아닐
수도 있습니다. ADHD는 우리가 체감하는 것보다 실제로
진단이 덜 되고 있기 때문이죠. 의심 씨 같은 사고의
과정을 거쳐 병원을 찾고 ADHD를 진단받은 사람들도
많습니다.

산만하면
다 ADHD일까?

ADHD 환자라고 하면 뭔가에 집중을 못 하고 산만한 사람을 제일 먼저 떠올리게 되는데요, 요즘은 생활 곳곳에 정신 팔릴 구석이 너무 많아서 대체로 다들 산만하게 살지 않나요? 그러니까 너도나도 **ADHD**를 의심하게 되는 것 같아요.

○

최근 《도둑맞은 집중력》이라는 책이 큰 화제가 되었지요. 스마트폰으로 하는 단문 소통, 뉴스 헤드라인만 읽는 SNS 이용, 시선을 끄는 짧은 영상(쇼츠)의 유행으로 사람들의 주의집중 시간이 짧아진 현상에 대해 심도 있게 다룬 책이었습니다. 많은 분들이 이러한 현상에 문제의식을 느끼고 책의 내용에 깊이 공감하셨다고들 하죠. 요즘은 정말로 논리적 구조를 갖춘 긴 글을 읽거나 심도 있는 대화를 하는 일이 적어져서 차분하게 사고할 기회가 현저히 줄어든 것 같습니다.

자꾸 새로고침 버튼을 누르고, 감정이나 생각도 그렇지만
물건을 소중히 간직하는 일도 드물어졌어요. 말초적이고
자극적인 흥미만을 좇게 되고, 술이나 마약, 인터넷에
중독되거나 폭식 습관에도 취약해졌고요. 《도둑맞은
집중력》에서는 우리의 집중력을 떨어뜨리는 테크
기업의 교묘한 전략에 대한 비판을 이어가고 있지만,
그럼에도 우리는 긴 글을 읽지 못하고 산만한 자신에게
문제가 있는 것은 아닌지 자꾸만 돌아봅니다. 산만하고
집중력도 떨어지니 이거 ADHD 아닌가? 싶은 생각도
들겠지만, 그건 아닐 겁니다.

 ADHD의 '주의력결핍'이 말하는 '주의력'이란 대체
무엇인지 한번 살펴볼까요?

 사실 ADHD, 즉 주의력결핍/과잉행동장애라는 병명
어디에도 '집중력'이 떨어진다는 얘기는 없습니다.
주의력 결핍과 집중력 저하는 비슷한 듯하지만 조금
다른 개념이거든요. 집중력이 한 가지 일에 힘을 기울여
몰두하는 능력이라면, 주의력은 어떤 일이나 사람,
사물에 대한 일정한 정도의 관심을 일관된 태도로
유지하고 지속하는 능력입니다. 상황에 맞게 스스로를

통제하고 대응하는 능력에 가깝지요.

예를 한번 들어볼게요. 수학 시험 시간입니다.
학생들이 열심히 수학 문제를 풀고 있습니다. 오늘은
아침부터 날이 끄물끄물하다가 비가 오기 시작하네요.
바람까지 세차게 불어서 나뭇가지가 흔들리며 스산한
소리를 내고 있어요. 갑작스러운 비에 새들도 놀라
푸드덕거리며 몸을 피할 곳을 찾고 있네요. 관리인
아저씨도 열린 창문을 닫으려고 복도를 바쁘게
뛰어다닙니다. "10분 남았다. OMR 카드에 답안 옮겨
적으렴." 벌써 시험 시간이 끝나가는 모양이네요. 이제
그만 답안을 옮겨 적어야죠.

A학생은 밖의 날씨와 소란에도 아랑곳하지 않고 수학
문제를 열심히 풀었습니다. 10분 남았다는 선생님의
목소리에 마지막 문제를 빠르게 풀고 답안을 옮겨
적습니다.

그런데 건너편에 앉은 B학생은 조금 다릅니다.
시험지를 받고서는 문제를 열심히 풀기 시작합니다.
그런데 비가 내리기 시작하니 빗소리가 배경음악처럼
깔립니다. 나뭇가지가 흔들리는 소리까지 더해지니

자꾸만 배경음악이 커지는 느낌입니다. 세찬 비바람에 놀란 새들이 푸드덕거리며 날아가자 시선이 창밖으로 옮겨갑니다. '와, 비 많이 오네. 이따 집에 어떻게 가지?'라는 생각이 듭니다. 복도를 뛰어다니는 관리인 아저씨의 발소리에 이번에는 복도 쪽 창가로 시선이 이동합니다. '아 진짜, 아저씨. 마음이 급해도 살살 좀 다니시지.' 앗, 이럴 때가 아닙니다. 어서 수학 문제를 풀어야 해요. 시험지에 눈을 고정하지만 여전히 빗소리, 바람 소리가 귓가에 어지럽게 깔립니다. 그 소리가 어쩐지 현악 삼중주처럼 화음을 만들어내는 것 같기도 하고, 지난주에 관람했던 공연의 한 장면이 떠오릅니다. 그때 그 바이올리니스트 진짜 멋있었는데… 기다렸다가 사인을 받고 오지 못한 게 조금 아쉽습니다. 다음 공연 때는 더 가까이서 봐야지. R석을 예매하려면 주말 알바를 해서 돈을 좀 모아야 할 것 같다는 생각을 합니다. 그런데 갑자기 맨 뒷자리 친구가 답안지를 내놓으라며 손을 내밉니다.

"헉, 뭐야, 나 아직 답안을 못 옮겼어!"

"아까 10분 전에 선생님이 답안지 옮기라고 했잖아."

"뭐? 언제?"

자, A와 B의 차이를 아시겠나요? 이 학생들에게 지금 당장 주어진 미션은 '수학 시험 시간 내에 문제를 모두 풀고 답안지에 옮겨 적는 것'입니다. 이 과업에 대해 주의를 흐트러뜨리는 다른 요소에 방해받지 않고 끝까지 수행한 A학생은 '주의력'이 좋기 때문에 마지막까지 문제에 대한 '집중'이 무너지지 않을 수 있었습니다. 문제 풀이에 집중하면서도 "10분 남았다"는 선생님의 '중요한' 메시지에 주의를 기울였기 때문에 답안지에 옮겨 적는 것까지 무사히 해낼 수 있었지요.

반면 B학생은 온갖 소리와 시각적 요소에 신경 쓰느라 당장 해야 할 과업, '수학 시험 시간 내에 문제를 모두 풀고 답안지에 옮겨 적는 것'을 제대로 수행하지 못했습니다. 정작 시험에서 중요한 "10분 남았다"는 선생님의 말에는 주의를 기울이지 못해 텅 빈 OMR 카드를 제출할 수밖에 없게 되었지요. 이 학생은 '주의력'이 떨어져 시험에 대한 주의집중을 잘 유지할 수 없었던 것입니다.

두 학생의 차이를 이해하셨나요? 주의력은 자신이

어디에 집중할지를 자신의 의도와 현실적 상황에 맞도록 적절하게 조절하고 유지하는 능력이라고 할 수 있습니다. 따라서 주의력은 '통제하는 능력'에 가까워요. 이런 주의 통제 과정은 자신의 의지대로 한 자극에만 주의를 기울이거나, 여러 자극에 주의를 분산시키거나, 다른 자극으로 주의를 전환하는, 일종의 '고위 인지 기능'입니다.

와! 이제 이해가 됐어요. 우리가 '집중력이 떨어진다'고 생각하는 것들이 사실은 '주의력이 부족하다'는 것일 수 있겠네요. 집중력을 유지하기 위해서는 주의를 통제할 수 있어야 하는 거군요.

그렇습니다. 이러한 주의력 분산은 여러 형태로 나타날 수 있어요. '선택주의력'이 부족하면 과제의 세부

사항을 보지 못하고 해야 할 일을 빼먹거나 실수를 할 수 있습니다. '분할주의력'이 부족하면 소음이나 여러 자극에 주의가 분산되어 집중을 유지할 수가 없습니다. 딴생각에 깊이 빠졌다가 내려야 할 정류장을 그냥 지나치기도 하지요. '전환주의력'이 부족하면 다른 부분으로 주의력이 옮겨 갔다가 다시 돌아오지 못합니다. 업무에 필요한 정보를 검색하다가 다른 웹페이지로 빠지고 SNS로 옮겨 가서 정작 업무 정보 검색 페이지로 돌아오지 못하는 것이죠. '지속주의력'이 부족하면 오랫동안 주의력을 유지하지 못합니다. 40분 동안의 수업에 주의를 집중하지 못하고 자꾸만 딴짓을 하게 되는 경우가 이에 해당합니다.

이러한 주의력은 한 가지씩 나타나기도 하지만 대부분 복합적으로 작용합니다. 그렇게 '주의력이 부족'해지면 집중해야 할 것에 집중하지 못하는 '집중력 저하' 현상을 겪게 되는 것입니다.

주의력은 일종의 한정 자원인데요, 이러한 주의력이 떨어지는 현상이 꼭 ADHD 때문만은 아닙니다. 극심한 스트레스나 높은 불안, 우울 등으로 인해 주의력이 떨어질 수 있습니다. 또 동기의 영향을 받기도 합니다. 동기가 잘 생기지 않거나 지속이 안 되면 주의력도 저하될 수밖에 없습니다.

그러니 자꾸 할 일을 빼먹고 정리가 안 되고 남들이 봤을 때 무책임한 사람으로 보이기까지 합니다. 가족이나 동료들은 그로 인해 스트레스를 받게 되겠지요.

본인도 그걸 잘 알지만 뜻대로 되지 않으니 자존감이 떨어지고 위축됩니다. 하지만 꼭 그렇게 '쭈구리'가 될 필요는 없어요. 이들에게는 남들에겐 없는 엄청난 장점이 있거든요.

의심 씨가 오래전에 영화제에서 일한 적이 있다고 했잖아요. 그때 정말 재미있고 신나게 일했다고 하지 않았나요?

맞아요! 6개월 단기 계약 스태프였는데 정말 즐거웠어요. 매일 동료들이랑 구상한 것들을 바로 실행해서 매주 결과물이 나오는 게 너무 재미있었어요.

짧은 시간 동안 모든 걸 쏟아부어야 해서 밤샘도 이어졌고, 매일 달라지는 현장 상황에 빠르게 대처해야 했는데도 이상하게 그건 아주 잘 해냈던 것 같아요.

영화제는 한 번의 이벤트를 위해 단기간에 집중해서 프로젝트를 수행하는 일이죠. 일단 의심 씨가 영화제라는 행사를 아주 좋아했다는 점이 중요한 포인트입니다. '좋아하는 일'이라는 내적 동기와 "너는 참 창의적이고 상황 대처를 잘하는 멋진 영화제 일꾼이구나!"라고 칭찬받는 외적 동기가 잘 유지되어서 의심 씨의 주의력이 잘 통제되었던 것이지요.

　주의력이 부족한 ADHD인들도 아주 흥미롭거나, 새롭거나, 동기부여가 잘되는 활동, 혹은 즉각적으로 보상이 따라오는 활동에는 오히려 남들보다 집중력을 잘 발휘할 수 있습니다. ADHD인은 주의 전환이 잘 안

되기도 하지만, 반대로 주의가 너무 쉽게 전환되어버려 어려움을 겪기도 하는데요, 주의 전환이 잘된다는 점은 위기 상황에서 장점으로 작용하기도 합니다. 임기응변에 강하거든요. 새로운 시도를 하는 데에 망설임이 없고 새로운 기술이나 지식을 도입하고 배워야 할 때, "누구보다 빠르게 남들과는 다르게" 더 좋은 성취를 이뤄낼 수 있는 것이지요. 이런 열정적이고 창의적인 태도는 다른 동료들에게도 동기부여가 되는 긍정적인 영향을 미칩니다. 그러니 너무 위축되지 마세요. 누구도 완벽한 사람은 없잖아요. ADHD인의 장점을 자신의 학업이나 업무에 긍정적으로 적용해보세요.

ADHD,
정확히 뭔가요?

사실 저도 ADHD가 뭔지 정확하게 알지는 못하는 것 같아요. ADHD라고 하면 덤벙대고 뭘 잘 잃어버리고 가만히 있지 못하며 산만하고 부산스러운 사람이 아닐까 하는 막연한 이미지만 갖고 있더라고요.

○

환자분들이 정말 많이 답답해하세요. 왜 어떤 일에는 과할 정도로 머리가 팽팽 돌아가고 몰입이 되는데, 또 어떤 일은 아주 기초적인 것도 수행이 안되는지 말예요. 제가 이러한 ADHD의 느낌을 전달하기 위해 고심을 많이 해보았어요. ADHD가 있는 뇌의 상황을 한번 그려볼게요.

초등학교 교실이 하나 있어요. 1반이라고 합시다. 1반에는 의욕이 넘치는 친구, 똘똘한 친구, 개구쟁이 친구들이 다양하게 모여있습니다. 그런데 1반 담임 선생님이 교탁 앞에 앉아서 꾸벅꾸벅 졸고 있는 거예요.

수학 시간이라 아이들이 "구구단이 뭐예요?" 하고 묻는데 "어, 얘들아 잠깐만. 선생님이 피곤해서, 정신 좀 차리고." 이러면서 계속 헤매고 있는 거죠. 이런 시간이 길어지면 어떤 아이는 다른 과목 교과서를 펼쳐 읽고, 어떤 아이는 공책에 낙서를 하고, 어떤 아이는 짝꿍이랑 장난을 치고, 다른 아이는 말없이 화장실에 가겠죠. 아이들을 적절히 통제하고 수업을 진행하지 못하고 텐션이 떨어진 선생님, 이것이 ADHD가 있는 뇌의 상태라고 비유할 수 있을 것 같아요. 수업 시간은 흘러가는데, 대체 구구단은 언제 배울 수 있을까요? 오늘 진도를 완수할 수 있는 걸까요?

뇌의 맨 앞쪽에 위치하는 전전두엽은 계획, 판단, 자기 조절 등의 실행 기능을 담당하는 부위로, 우리의 행동과 수행을 통제합니다. 저는 전전두엽을 어느 학급의 선생님이라고 많이 비유하는데요, 그 외에도 공항의 관제탑, 기업의 CEO, 오케스트라의 지휘자, 큰 레스토랑의 총괄 매니저도 자주 전전두엽에 비유되죠. 뇌의 각각의 파트는 잘 기능하는데 그들 간의 연결성이 떨어지고, 이를 총괄하고 외부 상황과 조율하고 무언가를 계획하고 실행하게 만드는 실행 기능이 저하된 상태라면 많은 것이 뒤죽박죽이 되어버리겠죠.

어떤 욕구나 생각이 동시에 여러 개가 생겨난다고 생각해보세요. 그런데 여기서 우선순위를 정하지 못하는 겁니다. 교실에서 아이들이 친구랑 놀고 싶고 화장실도 가고 싶고 그림도 그리고 싶다고 하면 선생님이 "화장실 갔다 와서 그림 그린 뒤에 친구랑 놀아"라고 얘기해줘야 하는데 그걸 못하고 있다고 생각해보세요. 어떤 일을 순서대로, 체계적으로 처리해야 하는데 그게 안 되는 거예요. 그러니 일 처리가 지연되고, 충동적인 말과 행동을 하게 됩니다. 남들이 봤을 때 '쟤는 정말 종잡을 수가 없다, 산만하다, 일을 못한다, 눈치가 없다, 실수를 너무 많이 한다, 시간 약속을 못 지킨다'는 식의 평가를 하게 될 수밖에 없지요.

그렇다면 우리가 보통 ADHD라고 생각하는 특성들은 선생님이 일을 제대로 못 해서 아이들은 마음대로

돌아다니고, 지휘자가 멍때리고 있어서 오케스트라는 불협화음을 내고, 관제탑의 관제사가 무전을 제대로 안 보내줘서 비행기들이 이착륙을 못 하고 있는 '결과들'이었군요!

네, 그렇다고 볼 수 있어요. 앞에서 뭔가를 끌어주고 관리하고 통제하는 컨트롤 타워가 먹통일 때 모든 것이 뒤죽박죽되는 것. 그것이 ADHD에게 주의력 저하, 과잉행동, 충동성 등의 모습으로 나타나는 것입니다. 하지만 ADHD의 특성이 이것만으로 설명되는 것은 아니에요.

최근에는 여기에 더해서 과집중(hyperfocus), 감정 조절의 어려움, 그리고 과도한 잡념(또는 과도한 방황하는 마음excessive mind wandering)도 중요한 특성으로 보고되고 있어요. 과집중은 우리가 흔히 '과몰입'이라고 부르는 상태, 자신이 흥미를 가진 것에만 지나치게 몰입하는 것을 말합니다. '중요한 일'보다 '흥미로운 일'에만 시간을 쏟으니 꼭 해야 하는 일들이 뒷전으로 밀리는 경우가 자주 생기겠지요. 감정 조절이 어려워 화를 참지 못하거나 반대로 지나치게 바닥으로 가라앉기도 해서 일상에서 많은 어려움을 겪습니다. 머릿속에서 끝도 없는 생각들이 마구잡이로 뒤엉켜서 주어진 업무(공부)나 지시를 수행하고, 정보를 기억하고, 적절하게 집중력을 발휘해 일을 기한 내에 끝내는 것이 너무나 어렵게 느껴지기도 하고요. 다른 사람과 이야기할 때 마음이 딴 곳에 있는 것처럼 경청하지 않는 듯이 보일 때도 있습니다. 시간의 흐름을 인식하고 예측해서 약속 시간을 지키거나 마감을 해내는 것도 ADHD를 가진 사람에게는 정말 힘든 일입니다. 주의력결핍, 과잉행동, 충동성이 이 질환을 설명하는 이름에 드러나 있다 보니 이런 증상이 없다면 ADHD가 아니라고 생각할 수 있는데 꼭 그런 것만은 아니에요. ADHD는 생각보다 아주 다양한 모습으로 환자들의 삶에 나타납니다. 내 안의 '리더'이자 '매니저'가 리더십을 제대로 발휘하지 못하고 있으니 그야말로 어디로 튈지 모르는 '나'를 마주하게 되는 것이지요.

그럼 ADHD는
전두엽이 손상된 건가요?
뇌가 일부가 손상된 채 태어나버린
걸까요?(괜히 울먹)

그런 것은 아니니 울지 마세요. 뇌 영상 연구를 통해
ADHD의 뇌 구조, 연결, 도파민과 같은 신경전달물질이
ADHD가 없는 사람과 다르다는 것이 밝혀진 것은
맞아요. 그런데 이런 신경학적 이상은 ADHD의
원인이라기보다는 일종의 병리, 그러니까 질환으로 인해
나타나는 경과에 해당합니다.

휴, 그럼 ADHD의 궁극적 원인은 대체 뭘까요?

사실 "우울증이 왜 생기는 거죠? 범불안장애는요?"
이런 질문을 받은 정신건강의학과 의사들은 머리를
긁적긁적하곤 합니다. 어떤 병에 명백한 원인이 있으면
참 설명하기 쉽고 환자들도 이해하기 편할 텐데 말이죠.
"독감은 특정 바이러스에 감염되어 생기는 급성 호흡기
전염병입니다!" 모든 질병이 이렇게 설명된다면 얼마나
좋을까요. 하지만 대부분의 정신질환은 명확하고
직접적인 단일 원인이 없습니다. ADHD도 마찬가지예요.
가족 연구를 통해 유전성이 상당히 높다는 것을 알게
되었지만, 그렇다고 ADHD를 유발하는 특정 유전자를
확인한 것은 아닙니다. ADHD의 발생에는 여러 유전자가
관여하고 있을 것으로 생각되는데, 또 어떤 유전적
가능성이 있다 해도 환경에 따라 유전자들이 발현되기도
하고 그렇지 않기도 하거든요. 그래서 저도 머리를

닭적이며 '유전과 환경이 상호작용하여 발생하는 것'으로 이야기를 할 수밖에 없네요. 이런 유전적, 환경적 요인이 어느 이상 쌓이면 신경학적 이상이 발생하면서 ADHD의 증상이 나타나는 것입니다.

뇌를 좀 더 들여다볼까요? 머리 아픈 설명일 수도 있으니, "앗, 여기서부터는 모르겠다!" 싶으시면 넘어가셔도 좋습니다.

ADHD는 전전두엽을 필두로 하여 기저핵과 소뇌까지 연결되는 인지 조절 네트워크의 기능이 저하되는 것이 관찰됩니다. 여러 연구를 통해 ADHD인의 뇌에서 이 부위들의 성숙이 또래보다 늦은 것이 ADHD 병리에 중요한 것으로 추정되고 있어요. 그리고 머릿속 정보들 가운데 중요한 것에 형광펜을 그어 우선순위를 정하기 쉽게 해주고 실행과 집중을 도우며 보상과도 관련이 있는 신경전달물질 도파민의 기능 저하가 ADHD의 병리와 깊은 관련이 있다고 알려져 있습니다. 이에 더해 각성, 인지 기능, 의욕 등과 관련된 노르에피네프린의 기능 저하도 관찰된다고 합니다. 간략하게 축약해보자면, "유전-환경의 상호작용으로 전전두엽의 발달이 늦고,

주된 신경전달물질인 도파민 등의 불균형으로 증상이 나타난다"라고 이해하셔도 무방하답니다!

어릴 때
진단이 안 된
이유는 뭘까?

성인 ADHD로 밝혀진 환자들은 왜 어릴 때 ADHD 진단을 받지 못했을까요? 물론 우리 어릴 때는 초등학생이 정신과 진료를 받는 것이 흔한 일이 아니긴 했지만, ADHD를 제때 진단받고 치료했다면 삶의 질이 훨씬 나아졌을 환자가 많은 것 같아요.

○

의심 씨처럼 40대 이상의 연령이라면 어릴 때 정신과에 찾아가서 진료받는다는 것 자체가 굉장히 드문 일이었을 거예요. 요즘은 아이들이 정신과 진료를 받는 일이 예전보다 흔한 일이 되긴 했지만, 그럼에도 부모가 먼저 아이의 ADHD를 의심해보기는 쉽지 않습니다.

성장기 아이들은 에너지가 넘치고 또 아직 주의 조절과 행동 조절이 안 되어 산만할 수 있지요. 실제로 아직 성장 중인 아이들은 뇌의 발달도 진행 중이라서 아이에게 문제가 있다고 섣불리 판단하는 것도 권장할 만한 일이 아니고요. 발달이 진행 중이라는 건 발달 단계가 균일하지 않다는 의미이기도 해요. 사람마다 뇌의 어떤 부분은 발달이 더디고, 어떤 부분은 빠를 수 있는 것이죠.

그래서 소아 ADHD를 진단할 때는 유치원이나 학교 선생님의 의견을 많이 듣습니다. 선생님은 아이들에 대한 데이터를 쌓았고 비교 대상도 충분하기 때문에 치료가 필요할 정도의 수준인지 아닌지 어느 정도 판단이 되는 편이니까요. 집에서 양육자의 훈육이 안 통할 정도로 산만함이 심하면 금방 알아챌 수 있지만, 보통은 아이가 유치원이나 학교에 입학했을 때, 그러니까 단체생활을 시작하게 되면 판단하기가 조금 더 쉬워집니다.

과거에는 교사와 학부모 사이의 소통이 지금처럼 원활하지 않았고, 학교생활에서 문제가 생기면 생활지도라는 이름 아래 주로 체벌을 하거나 징계를 하는 것으로 해소했지요. 학교에서는 문제를 일으켜도 집에 돌아와 아이가 직접 이야기하지 않는 한 양육자가 생활 측면의 상세한 부분을 알기는 어려웠을 것입니다.

그리고 불안이 높거나 인정 욕구가 강하면 집에서는 통제가 안 되는데 학교에서는 별다른 문제가 없는 경우도 있습니다. 집에서 하는 행동을 보면 수업 시간에 가만히 앉아있는 것조차 견디지 못할 것 같은데 수업도 잘 듣고 교우 관계도 무난한 것이죠. ADHD 진단에는 증상이 두 가지 혹은 그 이상의 환경에서 존재해야 한다는 조건이 있기 때문에 진단은 더욱 어려워집니다. 또한 긴장이 풀리는 가정에서나 친구와의 내밀한 관계에서만 증상이 드러날 때는 아이의 가정교육 문제나 정서 문제 등으로 오인될 수도 있습니다.

그렇게 중학교, 고등학교를 거치고 성인이 되면서 사회적 페르소나가 강화되고 사회성을 학습하게 되면, 겉으로는 '멀쩡해 보이는' 사람이 될 수 있습니다. 스스로의 노력과 사회적 환경에 의해 어느 정도 교정되긴 했지만, 사실 이 과정에서 환자 본인은 '멀쩡한 사회인'이 되기 위해 엄청난 에너지를 쓰고 있을 거예요. 이런 '애씀'의 에너지가 한계에 도달하면 "이렇게는 못 살겠다" 하고 대책을 강구하고자 병원을 찾는 것이지요.

여성의 경우 '조용한 ADHD'일 가능성이 높다는 얘기도 들었어요. 여자아이들은 겉으로 드러나는 과잉행동이나 충동적인 행동을 아무래도 덜 하기 때문일까요?

그럴 수 있습니다. 선생님들은 보통 교실에서 돌아다니거나, 부적절한 질문을 자주 하거나, 지시를 까먹고 따르지 않거나, 준비물을 챙기지 못하는 것과 같은 행동들을 ADHD의 징후로 인지합니다. 그러나 여자아이들은 ADHD가 있더라도 이런 방식으로 드러나지 않는 경우가 많습니다. 여자아이들은 선생님의 기대에 부응하기 위해 더 많이 노력하고, 숙제나 성적을 위해 강박적으로 애쓰고 있는 경우가 많기 때문이에요.

지능이 높고 외적으로 드러나는 증상이 적은 여자아이는 더더욱 진단받기 어렵습니다. 특이하고 남다른 행동들을 해도 어른들은 학업 성적이 우수하면 크게 문제 삼지 않기 때문이지요. 그렇지만 아이는 수행의 어려움을 느끼고 있기 때문에 이를 보완하기 위해서라도 계속해서 더 높은 성적과 바른 학습 태도를 가져야 한다는 압박감을 갖게 됩니다. 남들에게는 이런 혼란스러움을 드러내지 말아야 한다는 불안과 함께 고군분투해나가는 것이죠. 물 밑에서 쉼 없이 발을 휘젓는 백조처럼, 아무도 모르는 혼자만의 외로운 싸움을 해나갑니다. 이렇게 진단되지 못한 여자아이들은 그대로 성인이 되어 계속해서 물속의 발을 휘저으며 크고 작은 압박과 강박 속에 살아가는 경우가 많습니다.

언제
내 '문제'를
인식하게
되는 걸까?

성인이 되어서야 자신의 문제를 깨닫고 병원을 찾은 분들이 많잖아요. 보통 언제 자신에게 뭔가 문제가 있다는 걸 알게 되는 걸까요?

○

인생에 과업이 많아질 때죠. 그리고 그 과업을 스스로 해내야 할 때. 어떤 울타리 안에 속해있을 때는 내가 주의력이 부족하고 충동성이 있거나 엉뚱한 행동을 해도 그걸 제어할 수 있는 사람이나 환경이 갖추어져 있어요. 누군가 제재를 한다거나 훈육을 통해 사회적 신호를 배우기도 하고요. 이런 통제가 가정과 학교에서 이루어지기 때문에 어떤 경우에는 의무교육을 마칠 때까지 본인이 ADHD임을 의심하지 못하기도 해요. 숙제 제출이 늦고 준비물을 잊어버리고 지각을 해도 그냥 내가 좀 덤벙대고 게으른 사람인가 보다 하고 넘길 수 있는 게, 그때까지는 어느 정도 학교라는 울타리를 가이드라인 삼아 생활할 수 있으니까요. 또 한국의 입시라는 것이

워낙 힘들다 보니 공부 외의 할 일을 최소한으로만 해내기도 하고요.

그런데 대학에 가면 첫 번째 위기가 옵니다. 수업의 강제성도 없어지고, 시간표도 알아서 구성하고, 강의실도 찾아다녀야 하고, 공강 시간도 보내야 하고, 리포트도 알아서 쓰고 시험 준비도 알아서… 여기서 적응하지 못하거나 유독 해내기 어려워하는 사람들이 있어요. 다른 지역으로 진학해 기숙사 생활 혹은 자취를 하게 된다면 이야기는 두 배 이상 복잡해지지요. 이때 출석, 생활, 학점 관리가 힘들어지면서 ADHD 증상을 발견하게 되기도 해요.

다음은 첫 취업 후입니다. 이제부터는 모든 것을 혼자 해결해야 해요. 스스로 배우고 스스로 계획하고 실행하고 스스로 한 사람의 사회인으로서 몫을 해내야 하죠. 이럴 때 소위 '멘붕'이 옵니다. 학교와는 달리 회사에서는 '얄짤'이 없잖아요. 학교는 교육이 목적이지만 회사는 생산과 이윤이 목적이니까 개인의 사정을 일일이 봐줄 수 있는 환경이 아니지요. 생산성이 떨어지는 직원은 '문제시'되고 본인도 뭔가 삐걱거림을 느끼게 됩니다. 아,

큰일 났다! 어찌어찌 안간힘을 쓰고 견뎌서 승진이라도 하게 되면 문제는 더 커집니다. 이제는 자신만이 아니라 후배를 교육하고 팀 단위를 관리해야 하니까요. 고군분투하며 힘든 시간을 겨우 지나왔는데 해낼 과업은 더 크고 무거워졌지요. 더구나 팀의 과제를 파악하여 구조화하고, 적절하게 나누어 팀원들에게 분배하고, 중간중간 그 수행 정도를 체크하는 것은 ADHD인에게는 정말 어려운 일입니다. 업무에서 관리의 범위가 넓어질수록 ADHD인들이 겪는 곤란은 점점 더 커질 수밖에 없습니다.

　독립 혹은 첫 자취도 마찬가지예요. 처음으로 혼자 '집'이라는 공간을 운영해야 하는데 자기가 음식물 쓰레기를 버리지 않으면 음식물 쓰레기는 절대 움직이지 않아요. 그저 한자리에서 썩어갈 뿐이죠. 전기, 가스, 수도 요금 같은 공과금은 어떻고요. 제때 납부하지 않으면 과태료가 붙고 경고장이 오다가 전기도 가스도 물도 끊겨버릴 수 있죠. 물론 일반적인 사람들도 처음 겪는 일은 낯설고 힘들 수 있지만 경험과 훈련을 통해 배우고 익숙해집니다. 하지만 ADHD인들에게는 사소한 일도 결코 쉽지 않습니다. 집 안은 금세 쓰레기 더미로 가득해지거나 정리정돈이 되지 않아 물건을 찾을 수 없고 그 사이에서 또 물건을 잃어버리는 악순환이 벌어지기도 하지요.

여성의 경우는 임신과 출산, 양육을 해나가는 과정에서 ADHD를 의심하며 병원을 찾는 일이 흔합니다. "선생님, 저는 육아가 너무 안 맞아요. 아이를 키울 능력이 안 되는 것 같아요"라고 호소하는 분들이 많아요.

근데 아이를 키우는 건 누구에게나 너무너무 힘든 일이잖아요. 육아에 따른 스트레스일 수도 있는데 어떻게 ADHD까지 의심하게 되는 걸까요?

아이한테 너무 소리를 지른다는 거예요. 물론 아이 때문에 속이 터지고 답답하면 그럴 수 있죠. 그런데

ADHD가 있는 엄마들이 겪는 감정은 그냥 신경 쓸 일이 많아져 힘들다는 것과는 결이 좀 다릅니다. ADHD가 있는 분들은 일단 평소에 자기 자신을 돌보는 것도 힘들었거나, 아니면 규칙적이지 않은 자기만의 방식으로 일상생활을 영위하고 있던 경우도 많거든요. 아이가 없을 때라면 밥을 좀 대충 먹거나 건너뛰어도, 청소를 좀 안 해도, 시간 약속에 좀 늦어도, 충동적으로 어떤 일을 하더라도 그 책임을 온전히 혼자 짊어지면 되지만 아이를 키울 때는 그럴 수가 없잖아요.

그러니 단순히 아이 때문에 속상하고 스트레스 받는다, 육아가 너무 피로하다 정도를 넘어서 나도 제대로 서있기가 힘든데 애가 스스로 걷고 뛰게 만들어야 하니 이렇게는 안 되겠다는 위기감이 밀려올 수밖에요. 그런 상황을 남편이나 가족들이 이해하고 보듬어주면 좋겠지만 그렇지 않은 경우가 많으니까 결국 병원을 찾아와서 검사를 해보면 ADHD인 경우가 많습니다.

여기서 더 힘든 지점은, ADHD의 발병에는 유전적인 요인이 꽤 많이 작용하기 때문에 자녀도 ADHD를 가지고 있을 가능성이 높다는 점입니다. 그러면 육아

난도는 극상으로 치닫는 것이죠. 아이가 통제가 안 되면
엄마가 통제를 해줘야 하는데 엄마도 그게 안 되니까요.
ADHD가 있으면 충동성 조절도 쉽지 않기 때문에 결국
매일 소리치고 짜증을 내게 되는 겁니다. 서로 소통은
안 되고 엄마는 엄마대로 아이에게 화내다가 죄책감을
느끼고 아이는 아이대로 힘들어집니다. 반대로 아이가
ADHD 진단을 받고 뒤늦게 엄마도 ADHD 진단을 받는
경우도 있습니다. 아이 진료를 위해 병원을 찾았다가
가만 듣고 보니 아이의 증상이 자신에게도 해당한다는 걸
깨닫는 겁니다.

　이렇게 자신에게 주어진 과업을 처음부터 끝까지
스스로 계획하고 수행해야 할 때, 어릴 때는 자각하지
못했던 ADHD 증상들을 인지하게 되는 경우가 많습니다.
의심 씨도 프리랜서가 되고 나서 더 힘들다고 느끼고
내가 혹시 ADHD가 아닐지 생각하셨잖아요.

맞아요! 회사에 다니는 것도 힘들었지만 프리랜서가 되니 이제는 스스로 일도 찾아야 하고 시간 관리도 알아서 해야 하는데 체계를 못 잡으니까 너무 힘들더라고요.

독립했을 때, 아이를 키울 때, 승진했을 때, 프리랜서가 됐을 때 등등 통제해야 할 과업의 종류가 늘고 난도가 높아지면 누구나 어느 정도 어려움을 느낍니다. 그런데 ADHD인의 경우, 이렇게 과업의 종류나 부담이 늘어날 때 이를 통합적으로 파악하고 새로운 습관과 일정을 훈련하여 안정화하는 것이 특히 어렵습니다. 할 일이 많아지면 조바심이 커져서, 계획을 세우거나 마음속 정리를 할 틈도 없는 것처럼 느껴지니 일단 한 가지씩 실무를 붙잡고 정신없이 몰입합니다. 이렇게 대책 없이 '열심히만' 하다 보니 어떤 일은 과도하게 해내고 다른 일은 손도 못 대는 불균형이 발생하기도 하고, 꼭 해야 할 일을 빼먹어 낭패를 당하기도 합니다. 모든 것을 다 잘해내려 하다가 번아웃에 빠지기도 하고요. 해야 할 일의 종류와 양을 정리하고, 전반적인 업무의 완성도를 낮추고, 필요하다면 타인에게 부탁과 위임을 하고, 업무의 마감을 조절하는 등의 조직화 능력이 부족하다 보니 일어나는 일이에요. 스스로 아무리 애를 써도 해결되지 않는 부분이 있는 것이지요. 이런 점들이 일상생활이나 사회생활에 불편을 초래할 정도가 되면 혹시 내게 다른 문제가 있는 건 아닌가 싶어 병원을 찾고 그제야 ADHD를 발견하게 되는 경우가 많습니다.

나도 지각하고 싶지 않은데 자꾸만 지각을 하게 되고, 나도 사람들과의 대화에서 자연스럽게 녹아들어 어울리고 싶은데 뜻대로 되질 않고, 나는 집 안 꼴(?)이 이만하면 괜찮다 싶은데 사람들은 자꾸만 청소 좀 하라고 잔소리하고, 반대로 집이 너무 더러워서 치우긴 해야겠는데 어디서부터 손을 대야 할지 알 수 없어서 미루고 미루다가 쓰레기 더미에 살게 되고…. 본인의 의지와는 달리 스스로의 노력만으로는 해결되지 않는 일들. 아니, 어떻게 노력해야 하는지 그 방법조차 모르겠어서 미치겠는 상황. 그렇게 벼랑 끝에 선 기분으로 '문제가 있다', '고치고 싶다', '방법을 알고 싶다' 하는 생각이 도달하는 곳이 대체로 ADHD인 경우가 많은 것입니다.

ADHD는
혼자 오지
않는다

다른 질환 때문에 진료를 받으러 왔다가 ADHD를 발견하는 경우가 아주 많다고 하셨잖아요. 그건 ADHD 증상들이 다른 질환의 증상들과 구분하기 어려워서일까요, ADHD를 가지면 다른 질환이 생기기 때문일까요?

○

너무 중요한 질문이에요! 앞서 소개한 최성장 님의 사례도 조울병과 ADHD가 동시에 있는 경우였지요. 진료 현장에서 우울, 불안, 감정 기복, 완벽주의, 수면장애 등 다른 어려움으로 내원하셨다가 ADHD를 추가로 진단받게 되는 경우가 꽤 있습니다. 연구에 따르면, 성인 ADHD 환자의 약 80%에게서 한 가지 이상의 정신질환이 함께 나타나고, 약 60%에게서 두 가지 이상의 질환이 함께 나타난다고 합니다. 상당히 높은 비율이지요.

ADHD가 공존 질환이 많은 이유는 복합적입니다. 관련 유전인자를 물려받는 등의 생물학적 취약성과 개인적인 성향, 그리고 환경적인 요인이 복잡하게 상호작용하기 때문이에요. 이 과정에서 다양한 정서적 어려움과 질환이 발생하는 것으로 추정하고 있습니다. 유사한 취약성을 바탕으로 해서 각각 다른 질환이 독립적으로 생겨서 공존하기도 하고, ADHD 증상을 겪으면서 받는 스트레스가 다른 질환을 악화시키기도 하지요.

어릴 때부터 ADHD 증상을 갖고 살아가는 한 사람을 상상해볼까요? 이름은 정산만 씨로 부를게요. 산만 씨의 삶은 속도계와 제동 장치, 가속 장치가 조금 고장 난 자동차를 어딘가로 운전해나가는 것 같습니다. 속도계가 고장 났으니 다른 사람들과 비슷한 리듬으로 달리기가 어렵겠지요. 속도를 늦추거나 올리려면 발에 힘을 얼마나 줘야 할지도 잘 모르겠습니다.

산만 씨는 자신도 모르게 예기치 않은 실수나 무례를 저지르지만 가끔은 뭐가 문제인지 모를 때도 있고, 문제를 알아도 어떻게 대처해야 할지를 몰라 상황을 얼렁뚱땅 넘깁니다. 급한 일이 있어도 어찌 된 일인지 빨리 처리해야겠다는 마음이 들지 않고 자꾸만 엉뚱한 일에 꽂혀서 멈추질 못하곤 합니다. 해야 한다는 것은 알지만 할 수가 없는 것이죠. 그러다 보니 산만 씨는 어느새 한심하고, 책임감 없고, 협업하기 어려운 사람이 되어있습니다. 자신의 그런 약점을 죽을 힘을 다해 숨기려 애쓰지만, 산만 씨 스스로도 자신을 통제할 수 없고 믿을 수 없다고 생각하게 됩니다. 산만 씨의 마음 한구석에는 늘 수치심과 고립감, 좌절, 부적절감이 쌓입니다. 자주 비난받고, 무시당하고, 지적받으면서 산만 씨는 점점 더 위축되어만 갑니다. 땅속으로 꺼지는 것 같은 기분을 느끼며 우울증을 경험하게 될 수도 있습니다.

　산만 씨는 점점 더 불안해집니다. 또 혼나면 어떡하지? 또 일을 제대로 못 하면 어떡하지? 실재하는 것보다 더 큰 비난을 상상하며 마음속의 불안이 자라납니다. 주변의 평가나 반응을 예민하게 살피고 전전긍긍하게 되면서 사회불안장애를 겪을 가능성도 높아집니다. 압박이 쌓이고 쌓이면 공황장애를 비롯한 다양한 불안장애가 발병하거나 악화될 수도 있지요.

　하지만 산만 씨는 좀 더 나은 사람이 되고 싶습니다. 앞으로는 정말 실수하지 않고 문제를 일으키지 않겠다고 다짐하며 굳게 마음을 먹어요. 나는 나를 믿을 수 없다, 그러니 항상 확인하고 기록하고 대비하자. 그런데 이런 마음이 과도해지면서 오히려 강박에 빠지거나 과한 양의 자료나 물건을 보관하게 됩니다. 산만 씨는 실패의 경험을 다시 반복하지 않기 위해 모든 일에 각각의 원칙을 만들어 철저히 지키면서 해결해보려고 합니다. 언제부턴가 산만 씨는 굉장히 성취 지향적인 사람이 되어있습니다. 그래도 한 가지 정도는 뛰어난 사람이고 싶기 때문입니다. 엉망인 부분이 너무 많으니까 한 부분은 너무나 뛰어나서, 엉망인 나머지가 보이지 않는 그런 사람이 되고 싶다! 이렇게 보상 전략을 세우는 것이죠.

하지만 너무 힘이 듭니다. 사는 데 에너지가 너무 많이 들어요. 잘하려고 하면 할수록 온몸의 기력이 다 빠져나가는 느낌이 듭니다. 그렇게 산만 씨는 번아웃에 빠지게 됩니다.

산만 씨는 내가 남들에게 피해를 많이 주고 평판도 좋지 않으니 양보하고 배려하는 착한 사람이 되는 것을 목표로 삼겠다고 결심합니다. '인성 좋은' 사람이라도 되어야지, 상대 입장에 공감해야지. 하지만 그것 역시 쉽지 않네요. 어느샌가 산만 씨는 마땅히 자신이 받을 것이 있어도 정당하게 요구하기가 어려워졌고 저항이 필요한 부당한 상황에서조차 자기주장을 하기 어려워졌습니다. 산만 씨는 사는 게 정말 힘듭니다.

스트레스는 쌓여만 가고 이것저것 방법을 찾아봐도 뚜렷한 성과가 없네요. 산만 씨는 쇼핑에 빠져버렸습니다. 필요한 물건을 사는 게 아니라 끝도 없이 충동구매를 하는 쇼핑광이 되었지요. 주문과 결제 버튼을 누를 때마다 짜릿한 기분을 느끼니까요. 카드 결제 한도를 초과하고 마이너스 통장까지 바닥을 보였지만 멈출 수가 없네요. 새로운 카드를 만들어야 할까 고민에 빠집니다. 아니면 그냥 카드를 잘라버려야 할까요? 산만 씨는 여전히 사는 게 너무 힘들고 혼란스럽습니다.

ADHD인 산만 씨의 삶을 함께 살펴보니 어떤가요? 물론 한 사람에게 이런 모든 상황이 일어날 가능성은 매우 낮습니다. 하지만 ADHD인들의 삶이 얼마나 혼란스러운지, 그리고 적응하기 위해 혼자서 어떤 어려움을 감내하고 있는지 좀 더 생생하게 설명하고 싶어서 여러 사례를 한 사람의 인간극장처럼 구성해보았습니다.

대부분의 ADHD 환자들은 ADHD만을 갖고 있지 않습니다. 이러한 공존 질환의 존재는 ADHD인들이 그동안 아무도 모르게 얼마나 상처를 입고 살아가는지, 그러면서도 잘 살아가기 위해 얼마나 고군분투해왔는지를 보여준다고 생각합니다. 어떤 분들은 너무 애쓴 나머지 겉으로는 공존 질환과 보상 전략만 보이기도 합니다. 본인조차 깊은 원인을 모르고 그저 자신이 게으르거나 능력이 부족하거나 나약한 탓이라고 생각하고 있고요. 공존 질환이 심각하고 좀 더 중한 경우에는 이를 먼저 적극적으로 치료하는 것이 필요합니다. 또한 ADHD 증상이 그동안의 삶에 미치는 어려움을 정확하게 알아가고 진단하는 것 자체가 환자들에게는 중요한 자기 인식이자 의미 있는 치료 과정이라는 점을 모두가 잊지 않으셨으면 해요.

사실 저도 ADHD 검사를 받으려고 했는데, 선생님이 저의 증상들이 우울과 불안 때문에 나타나는 것인지 ADHD로 인한 것인지 명확하게 파악해야 한다며 굉장히 신중하게 접근하시더라고요. 생활기록부를 떼 오라고 하시고 MMPI-2검사와 TCI 검사도 하고 나중에는 가족과 함께 상담을 하자고도 하셨고요. 그래서 아직도 진단이 끝나지 않았어요. ADHD 진단이 어떻게 이루어지는지도 궁금해요.

O

요즘 정신건강의학과 의원에 "제가 ADHD인 것 같아요. ADHD 검사를 해보고 싶어요"라는 문의가 정말 많다고 해요. 내가 ADHD가 아닐까 싶은 마음에 병원을 찾았으니 어서 검사를 해서 결과가 짠 하고 나오기를 바라는 마음이 드는 건 어쩔 수 없지요. 하지만

말씀드렸듯이 ADHD의 경우 공존 질환을 가진 경우가
많고 다른 질환의 증상과 ADHD 증상을 구분하기
어려운 점도 있어서 단 한 번의 면담이나 검사로 진단을
내리지는 않습니다.

앞서 등장한 정산만 씨가 ADHD를 의심해서 병원에
갔다고 해봅시다.

"선생님, 제가 엄청 산만하고 일에 집중을 못 하니까
ADHD 검사를 해주세요!"

이때 주치의 선생님은 우선 산만 씨에게 잠은 잘
주무시는지, 식사는 잘하고 계시는지, 대인 관계는
어떠한지 등을 물어볼 겁니다. 산만 씨의 전반적인
정신건강에 대한 평가와 진찰이 우선 진행되어야
하거든요. 앞서 이야기했듯이 주의력 저하와 충동 조절의
문제가 생기는 원인이 ADHD만은 아니니까요.

우울증이 지속되면 정신 운동 속도 저하와 집중력
저하, 결정의 어려움 등의 증상을 겪게 될 수 있습니다.
불안 증상이 심한 경우에도 긴장이나 자기 검열로
인해 실제 전념해야 할 과업에는 충분히 초점을 맞추지
못하고 대화나 기억의 등록에 문제가 생겨 건망증과

실수가 많아질 수 있답니다. 조울병이 있는 경우에도 충동성이 심해지고 말이 많아지며 여러 가지 일을 동시에 시작하거나, 반대로 심하게 무기력하고 무언가 수행하기 어려워지는 등 ADHD와 겹치는 증상들이 나타나기 때문에 주의 깊게 보아야 합니다. 알콜 의존 등 중독 증상이 있는 경우에도 주의력이 저하되고 충동성이 증대될 수 있고요. 트라우마나 스몰 트라우마를 겪은 경우에도 과다 각성과 과소 각성을 오가기 때문에 현재의 일이나 공부에 차분히 집중하기 어렵답니다.

이런 여러 원인들이 존재하는지 살펴보고 이에 해당하지 않는다고 판단되면 어린 시절의 말과 행동 등에 대해 묻게 됩니다. 어릴 때 주의가 산만했는지, 수업 시간에 집중하지 못했는지, 친구들과는 어떻게 놀았는지, 성적은 어땠는지 등 어린 시절에 ADHD로 의심할 수 있는 증상이 나타났는지를 확인하는 것이지요. 주치의 판단에 따라 MMPI-2(미네소타 다면적 인성 검사-2), 문장 완성 검사, TCI(기질 및 성격 검사) 등을 하기도 합니다. 물론 이때 정산만 씨가 호소하는 주의력 문제를 평가하기 위한 ASRS(Adult ADHD Self-Report Scale), AARS(Adult

ADHD Rating Scale)와 같은 자기 보고 검사, 그리고
DIVA(Diagnostisch Interview Voor ADHD)와 같은 구조화된
인터뷰도 함께 진행하게 됩니다. 어떤 경우에는 정량적
뇌파 검사와 CAT(Comprehensive Attention Test) 등의 전산화
주의력 검사도 ADHD를 진단하는 자료 중 하나로 쓰일
수 있습니다. 의심 씨의 경우처럼 초·중·고 생활기록부나
성적표 등의 기록을 요청하기도 하고 가족 면담을
진행하는 경우도 있습니다. 함께 생활해왔던 가족이
말해주면 객관적인 관찰자의 시각을 반영할 수 있으니
진단에 참고가 될 수 있지요.

　이 모든 검사를 꼭 전부 시행하는 것은 아닙니다.
의사의 판단에 따라 필요한 검사들을 선별적으로 시행할
수 있어요. 또한 검사 결과를 진단의 절대적인 기준으로
삼는 것은 아닙니다. 진단에서 가장 중요한 것은 면담과
진찰을 바탕으로 한 주치의의 판단입니다. 그래서 정산만
씨는 성인 ADHD로 확진을 받을 수도 있고 그렇지 않을
수도 있지요. 주치의의 성향과 진료 철학에 따라 김의심
씨처럼 진단에 시간이 걸리기도 하고요.

　ADHD일 것이라 생각했는데 알고 보니 높은

불안장애를 진단받을 수도 있습니다. 또는 불안장애가 더 중하고 급해 우선 그것부터 치료를 시작할지도 모릅니다. ADHD 증상에 대한 평가 자체를 불안 증상이 어느 정도 좋아진 후로 미루게 될 수도 있고요. 그렇다면 그것대로 다행입니다. 치료의 기회를 얻은 것이니까요. 그러니 신경 쓰이는 부분이 있다면 주저 말고 의사를 만나보세요.

ADHD 환자의 이야기 1

환자 S

처음 다녔던 회사에서 상사의 권유로 처음 병원에 갔어요. 제가 다른

업무는 비교적 잘 해내는데 전표 입력을 하는 등 극도의 꼼꼼함이

요구되는 작업에서 실수를 너무 많이 했거든요. 그때는 성인 ADHD가

지금처럼 많이 알려지지도 않았고 심지어 건강보험 적용도 안 됐던

시절이었어요. 그런데 정말 운이 좋게도 저의 상사가 교육학을

전공한 분이라 ADHD에 대한 지식이 있어서인지 뭔가 감지하셨나

봐요. 어느 날 제게 조심스레 진단을 한번 받아보라고 권해주셨어요.

지푸라기라도 잡는 심정으로 소아·청소년을 전문으로 하는

정신건강의학과에 방문해 ADHD 진단을 받고 약을 먹었죠.

당시 제가 다녔던 회사가 대기업이었는데 대기업의 장점이자 단점이 사람이 많다는 점이에요. 사람이 많다 보니 시기, 질투, 경쟁이 심하고, 한편으로는 사람이 많다 보니 어느 정도 익명성도 있고 개개인의 디테일에 관대한 면도 있었어요. 제가 사람들과 잘 못 어울리고 일상적인 스몰토크가 안 되니까 어떤 그룹에서는 좀 배제되기도 하고, 어떤 업무는 엉망이지만 어떤 업무는 경험이 없어도 너무 잘 해내니까 시기와 질투의 대상이 되기도 했어요. 그런데 정말 다행히도 저에게 잘 맞는 상사를 만난 거예요. 그때 ADHD에는 주변 사람들의 도움이 정말 중요하다는 걸 깨달았어요. 제가 좀 이상하고 삐걱거려도 남들에겐 없는 장점이 있고 재능이 있다는 걸 알아봐주는 사람, 나를 지지하고 응원해주는 후원자가 너무 중요해요. 그런 사람을 만나지 못했다면 저는 정말 밑바닥까지 갔을 거예요.

게다가 그 시기에 부서를 이동하게 되면서 제가 누구보다 잘할 수 있는 업무를 맡게 됐어요. 일상적이지 않은 사고들이 터졌을 때 출장을 가서 그 상황을 수습하고 정리하는 일이었지요. 사실 스트레스가 심한 일이라 누구나 선뜻 하고 싶은 일은 아니잖아요. 그런데 저는 일상이 항상 사건, 사고였고 늘 그걸 어떻게든 수습해서 어찌어찌 이어나가는 삶을 살고 있었기 때문에 그 일이 너무 잘 맞았어요. 글 쓰는 걸 좋아했기 때문에 보고서를 쓰는 것마저 재미있더라고요. 처음엔 ADHD가 낙인이라고만 생각했는데 주변 사람의 도움과 적절한 환경 변화가 더해지니까 삶의 질이 훨씬 좋아졌어요. 그게 정말 큰 용기와 자신감을 불러일으켰던 것 같아요.

Ahn's Comment: 반복되고 예측 가능하며 정확성을 요구하는 일, ADHD가 힘들어하는 성격의 업무죠. 다행인 점은 이런 업무에서 유독 어려워하는 것을 상사가 알아차렸고 이것이 오히려 진단과 치료의 계기가 된 것입니다. 치료 이후 자신을 믿어주고 강점을 알아보고 지지해주는 상사를 만나고, 위기 대처와 돌발 상황 관리에 능한 S님의 재능을 펼칠 업무를 맡으면서 효능감을 느끼게 되셨네요. 맞아요, 그만의 독특한 매력과 강점을 알아봐줄 지지자와 흥미를 유지하고 능력을 발휘할 만한 과업이 있을 때, ADHD인은 자기 의심과 위축에서 벗어나 훨훨 날 수 있어요. 자신을 믿기 어렵고 쪼그라드는 때가 또 온다 해도, 이때의 뿌듯함과 자신감, 성취의 기억이 S님을 지탱하고 응원해줄 거예요.

환자 B

ADHD가 있으면 친구들 사이에서도 특이하고 이상한 애 취급을
받아요. 고등학교 때 저는 책을 정말 많이 읽었거든요. 텍스트나
맥락의 이해력만큼은 좋아져서 공부를 아주 열심히 하지 않아도 대충
그럭저럭 잘하는 편이었는데, 친구들이랑 어울리는 건 너무 힘든
거예요. 결과적으로는 친구를 잘 못 사귀니까 공부만 하게 되어서
학업에 도움이 된 부분도 있었어요.

친구는 많이 없었지만 '그래도 나는 개성이 강하고 창의성이 좋다'고
긍정적으로 해석한 덕에 자존감을 많이 지킬 수 있었던 것 같아요.
그래서 창의성이 필요한 영역인 디자인을 전공하고 관련 분야에서
일하고 있어요.
그런데 ADHD 진단을 받고 보니 아, 나의 창의적인 면은 장점이나
개성이 아니라 질환이었구나 하는 생각이 들어서 솔직히 처음엔
좌절했죠. 그런데 《ADHD 2.0》이라는 책을 읽고 생각이 좀
바뀌었어요. 그 책의 표지에 이런 문구가 있어요. "산만하고
변덕스러운 '나'를 뛰어난 '창조자'로 바꾸는 특별한 여정!" ADHD의
특성을 살려 ADHD만 해낼 수 있는 일들이 있다는 것을 정리해준
책이거든요. 그 책에서 약점에 집착하기보다는 강점을 살리는

방식으로 사고하는 법을 배웠는데, 그게 저한테 잘 맞더라고요.

지금은 회사에서 중간 관리자의 위치에서 일을 하는데, 저는 직원이 자기 역할이나 직책에 맞게 훌륭하게 업무를 수행해야 한다는 기대를 크게 하지 않아요. 그걸 제대로 못 한다고 해도 비난하기보다는 '아, 이 사람은 그게 안 되나 보다'라고 생각하고, 개선할 수 있는 방법을 찾거나 교육의 방식을 고민할 뿐이에요. 그러니 스트레스가 적은 편이죠. 또 조직이 큰 편이 아니다 보니 중요하고 시급한 사고가 터졌을 때는 제가 컨트롤 타워가 돼야 할 때도 있거든요. 당장 문제를 해결하기 위해 수단과 방법을 가리지 않아야 하는 순간이잖아요. 저는 이런 상황에서 오히려 차분해지는 편이라 당황해서 짜증 내고 화를 내는 것보다 열린 마음으로 방법을 찾을 때가 많아요. ADHD라서 힘든 점이 많았지만 약물 치료를 받으면서 우선순위가 조절되고 루틴 관리가 되니 ADHD의 장점들도 더 적극적으로 발휘할 수 있게 된 것 같아요.

> Ahn's Comment: 어느 부분에서는 자의적이고 낙관적인
> ADHD인의 특성이, 독특해서 좀 외로웠던 B님의 청소년기를
> 버티게 해준 힘이 된 것 같아요. B님 경험처럼, 사회적 표준에

부응하지 못해 부적절감을 느꼈을 (특히 여성) ADHD인들에게는 자기 능력과 유능감을 인지하고 발달시키는 것이 가장 효과적인 치료 과정입니다. 자신의 성격, 취향, 능력을 잘 탐색하여 어떤 종류의 공부 방식이나 업무가 자신에게 잘 맞는지 찾아가는 것이 정말 중요해요. 이때 느끼는 유능감과 자신감이 ADHD와 함께 살아가며 느끼는 좌절과 고난을 버텨내게 합니다.

ADHD,
구원과
절망

혼자
고민하지 말고
병원 가자!

ADHD 증상들을 보면 사람마다 정말 다양하잖아요. 그래서 "이러이러한 사람은 ADHD다"라는 식으로 몇 가지 증상들이 인터넷에 퍼지면서 "야 너두? 야 나두!"를 외치게 되는 것 같은데요, 아무래도 자신의 상태를 가장 정확하게 알기 위해서는 병원을 찾아야겠지요?

그렇습니다. 어떤 질환이든 증상 몇 가지만으로 진단을 내릴 수는 없어요. 뇌질환의 증상 중에 두통과 어지러움이 있다고 해서 두통과 어지러움이 있는 사람이 무조건 뇌질환이 있는 건 아니잖아요. 특히 정신건강 관련 질환은 진단 기준에 포함된 증상 중에 내게 해당되는 것이 많지 않다고 해서 그 질환이 아닌 것도, 자가 테스트에서 "예"가 나왔다고 해서 반드시 그 질환인 것도 아닙니다. 우울증에 걸리면 죽고 싶은 생각이 들고 하루 종일 침대에만 누워있다고 하는데 나는 멀쩡하게 사회생활도 잘하고 친구들과 관계도 좋다, 자주 눈물이 나오고 잠을 제대로 자지 못하긴 하지만 우울증은 아닌 것 같다는 식으로 결론을 내릴 수는 없다는 것입니다.

ADHD도 마찬가지입니다. 같은 ADHD라도 어떤 환자는 감각이 극도로 예민해져서 세상 모든 소리와 냄새, 촉각 자극을 남들보다 훨씬 잘 느낍니다. 어떤 환자는 자신이 주의를 기울이는 것 외에는 아무것도 들리지도 보이지도 않는 상태를 자주 경험하지요. 순간순간은 민감하지만 내가 어떨 때 어떤 느낌을 갖고 반응하는지 기억하지 못하는 상황을 겪기도 합니다. 또는 한 사람에게서 이런 다양한 상태가 상황에 따라 번갈아 나타나기도 해요. 어떤 환자는 과잉행동과 충동성이 강한 유형이라서 부산스럽고 산만하지만, 어떤 환자는 겉으로는 침착하고 조용해 보여도 남들 모르게 실수를 하고 물건을 자꾸 잃어버립니다.

몇 가지 예를 들어볼까요. 어떤 환자는 쥐 죽은 듯이 조용한 도서관에서는 오히려 집중이 어렵고 적당한 말소리와 음악이 있는 카페를 더 선호합니다. 그런데 또 너무 시끄러워도 안 되고 너무 조용해도 안 된다고 호소합니다. 그 '적당한 소음'이라는 것의 '적당한 수준'을 찾기가 너무 어려운 겁니다. 가령 A라는 어떤 약물이 있어요. 이 약의 혈중 농도는 0.5mEq/L 이상, 1.0mEq/L 이하여야 하는데 농도가 너무 낮으면 효과가 없고 너무 높으면 부작용과 독성이 나타납니다. 약의 효과가 의미 있을 정도로 나타나는 범위가 좁아서 이걸 맞추는 게 무척 어렵습니다. 앞서 언급한 환자의 경우 주의력을 잘 발휘할 수 있는 적정 자극의 범위가 이처럼 매우 좁은 것이지요. 그러니 어떤 카페는 너무 시끄럽고, 어떤 카페는 너무 조용하고, 어떤 카페는 좀 시끄러운 듯한데 한 두세 명만 대화를 덜 하면 적당할 것 같고, 어떤 카페는 음악의 볼륨이 20%만 높았으면 좋겠고… 언뜻 굉장히 까다롭게 느껴지지만 환자의 성향이 까다로운 것이 아니라 이 사람의 주의력이 그만큼 섬세한 수준의 환경 조절을 요구하는 것입니다.

어떤 환자는 자꾸만 '주신호'가 아닌 '부신호'에 집중하는 경향을 보입니다. 가까운 곳에 TV가 켜져있고 멀리서 라디오 소리가 들린다면 보통은 가까이서 크게 들리는 소리에 자연스레 집중하기 마련이지요. 그런데

103

자꾸 멀리서 작게 들리는 라디오 소리에 귀가 쫑긋
열리는 겁니다. 그러니 수업 시간에 선생님의 설명보다는
뒷자리 아이들이 속삭이는 잡담이 더 잘 들리게 되지요.

약을 복용하면 이런 감각들도 평범하게 돌아오는 걸까요?

네, 약을 먹으면 자극 조절과 관리에 큰 도움이 되는
경우가 많습니다. 그러면서도 약물 치료와 더불어 일상
속에서 자신에게 맞는 '요령'을 찾아나가는 노력도
병행하면 좋겠어요. 예를 들어 적당한 소음이 있어야
집중을 잘할 수 있는 사람이라면 수업 시간만큼 지루한
시간도 없을 겁니다. 수업 시간에는 선생님의 목소리
외의 잡음이 없으니까요. 그럴 때는 차라리 거꾸로
해보라고 권하기도 합니다. 선생님의 설명을 부신호,
그러니까 잡음이라고 생각하고 들으면서 문제를 푸는

거죠. 그렇다고 영어 시간에 수학 문제를 푸는 건 예의가 아니니까 영어 시간에 영어 부교재인 문제집을 풀면서 수업 시간을 견뎌보라는 것입니다. 지루함을 견딜 수 없는 ADHD인들에게 집중이 되지 않는 수업만큼 괴로운 것도 없을 겁니다. 그 괴로운 시간을 괴로워만 하며 흘려보내지 않고 조금이나마 생산적인 시간으로 만들고 싶다면, 이렇게 자신만의 습관을 만들어보는 것도 좋은 방법입니다.

주의력을 유지시키는 정도는 사람마다 다릅니다. 여유가 있으면 지루해져 아예 다른 곳에 정신이 팔리는 사람이라면, 한꺼번에 두 개의 일을 바쁘게 해치워보는 겁니다. 일종의 건설적인 산만함을 만드는 거지요. 선생님 설명을 들으면서 노트 필기도 하자, 선생님 설명을 들으면서 문제도 풀자, 이런 식으로 혼자만의 목표나 시간 제한을 두고 정리하다 보면 한 시간이 정신없이 바쁘게 지나갑니다. 그러면 완벽하진 않더라도 두 가지를 어느 정도 완수하게 되는 것이지요. 수업의 지루함을 견디지 못하고 딴생각에 빠지게 되면 결국 수업도 흘러가버리고 문제 풀이도 안 하니 둘 다 놓치게 되지만, 이렇게 하면 80%라도 수행할 수 있게 됩니다. 그런데 어떤 사람에게는 이렇게 여러 과제를 번갈아 하는 방식이 오히려 집중을 방해할 수도 있습니다. 그래서 자기의 강점과, 자기에게 맞는 주의력 유지 및 보상 전략을 파악하는 것이 중요합니다.

약이라는
오리발을 끼고
혼란의 바다
건너기

ADHD의 증상들을 보면 우울이나 불안 같은 기분장애에 비해 행동이나 습관으로 나타나는 경우가 많은 것 같은데요, 이런 것들이 약으로 치료된다는 게 놀라웠어요.

우선 ADHD는 감기가 낫듯이, 장염이 낫듯이 완치가 되는 질환은 아니에요. 정신의학에서 다루는 많은 질병들이 그러하듯이 관리를 하며 살아간다는 게 더 정확합니다. 그렇다고 너무 좌절할 필요는 없습니다. 약의 도움을 받아 행동과 생활 습관을 개선하면서 반복되는 훈련을 통해 예전보다 삶의 질이 훨씬 나아질 수 있으니까요. 예전에는 10만큼 도달하기 위해 15의 노력을 해야 겨우 닿았다면, 약의 도움을 받으면 5의 노력만으로도 10에 도달할 수 있다고 생각하면 됩니다.

적절한 용량의 ADHD 약물을 복용하고 효과를 느낀 환자들이 가장 먼저 이런 말씀을 하십니다.

"머릿속 구름이 걷힌 것 같아요. 개운하고 또렷해요!"

"머릿속에 엄청 다양한 생각들이 여러 목소리로
와글와글했는데 이제 다 조용해졌어요. 다른 사람들은
원래 이렇게 조용하게 사나요?"

동시에 떠오르던 수많은 상념들이 정리되고, 중요한
생각과 그렇지 않은 생각들이 구분된다는 이야기가
많습니다. 음악으로 치면 주 멜로디가 크게 들리고,
악기나 코러스 소리는 작아져서 선율을 파악하기
쉬워진달까요. 친구들과 이야기할 때 이야기가
지루해지면 바로 딴생각이 났는데, 이제는 친구의 말에
좀 더 집중할 수 있다고 합니다. 설령 딴생각이 나도
얼른 제자리로 돌아올 수 있게 된다는 것이죠. 그 외에도
세금 납부 같은 일이나 과제를 마감 내에 제출하는 게
이전보다 수월해졌다고 이야기합니다.

또 오전에는 절대 못 일어났는데 아침에 눈이 저절로
떠진다거나, 밤낮이 뒤바뀐 생활이 원래대로 돌아온다고
이야기하기도 합니다.

"아침에 일어났는데 피곤하지가 않아요! 아침에
일어나서 개운하게 기지개 켜는 드라마 장면은 다

거짓이라고 생각했는데, 이게 정상이었단 말이에요?"

아침에 일어나서도 정신이 빨리 들고, 낮에도 무기력하거나 졸지 않아서 놀라운 것이지요. 또, 한 가지 과제나 일을 시작했을 때 쉽게 집중이 깨졌는데 전보다 오래 유지할 수 있고 간단한 일도 미루지 않고 바로 시작하는 경우가 많아졌다고 합니다. 어떤 분들은 자기도 모르는 새에 여기저기 부딪쳐서 몸에 영문 모를 멍이 들어있는 경우가 많았는데 그런 일이 사라졌다고 하고, 스마트폰 액정이 전보다 덜 깨져서 액정 수리 주기가 길어졌다고도 합니다.

"처음 약을 먹었을 때를 똑똑히 기억해요. 너무 놀라웠거든요. 와, 치사하다. 남들은 그동안 이렇게 명료한 세상에서 산 거였어. 아… 나는 앞으로 꾸준히 약을 먹으며 '보통 사람 상태'를 구독해야 하는구나."

첫 복용의 놀라움을 겪고 일주일쯤 규칙적인 생활을 하면서 마치 마법의 명약을 먹은 것처럼 머리가 맑아지고 일을 하기 쉬워졌다는 '간증'을 이어가시기도 하지요. ADHD 인지행동치료 책도 사고 책에 나온 대로 손목시계도 사고 메모도 하며 보통 사람(?)처럼 체계적인 삶을 만들기 위해 맹렬하게 노력하는 분도 계십니다.

"확실히 약을 먹고 저의 증상과 그동안의 손해가 명백하게 보였어요. 주의력도 상당히 많이 개선되었고요. 하지만 그렇다고 해도 ADHD가 없는 보통 사람들의 삶과 온전히 같아지느냐 하면 그건 아닌 것 같아요. 저는 ADHD인으로서 독특한 인지 처리 방식과 강점, 약점이 있고 다 바꾸긴 어려운데, 그동안 보통 사람들과 같아지려고 한 게 오히려 잘못된 목표였던 것 같아요. 이제는 나에게 맞는 환경과 대처 방식을 만들어야겠다는 생각으로 치료를 계속해오고 있어요."

어떤가요? ADHD 치료제에 대한 반응을 들으니 대략 어떤 개선 효과가 있는지 감이 오시나요? 정신과 약물을 복용하는 것에 대해 많은 분들이 기대보다는 불안감과 두려움이 많다는 걸 잘 알고 있습니다. 약에 의존하게 되면 어떡하나, 뇌의 어떤 부분이 영구적으로 잘못되면 어떡하나, 효과가 있다면 언제까지 먹어야 완치가 되나 등등 걱정이 앞서는 게 사실이죠. 하지만 너무 걱정하지 마세요. ADHD는 약의 효능이 잘 발휘되는 것이 입증된 질환 중 하나입니다. 이 약은 어떤 부분을 바꾸는 것이 아니라 앞서 설명했던 '졸고 있던 선생님', '멍때리던 오케스트라 지휘자', '무전을 받지 못하는 관제사'를 잠시 깨워주는 것입니다. 그러니 약을 복용하면 처음엔 갑작스러운 변화를 느끼고 당황하거나 기뻐하거나 놀라워하는 것이지요. 이런 경험을 한 환자분들은 걱정과 두려움보다 '나아질 수 있다'는 희망이 앞서게 되고 치료에도 잘 순응하십니다. ADHD 치료제가 우리 몸의 어떤 부분을 영구적으로 바꾸거나 나의 정체성을 훼손하는 것은 아니니, 주치의와 함께 용량을 조절하며 나에게 맞는 약을 찾는다면 그간 겪었던 어려움이 많이 해소될 것입니다.

너무 신기해요! 정신과 약물인데도 무슨 소화불량 약처럼 바로 효과가 나타난다는 게 말예요!

듣다 보니 약을 먹으면 어느 날 갑자기 모든 것이 다 좋아질 것이라는 생각이 들기도 하고, 당장 약물 치료를 해보고 싶다는 생각이 들기도 하시죠? 워워, 잠시 마음을 가라앉혀 주세요. 80% 정도의 ADHD 환자들은 약물 치료 반응이 높다고 보고되지만, 모든 약이 그렇듯이 처음부터 자신에게 딱 맞는 약을 찾을 수 있는 것은 아닙니다.

대부분의 환자들은 치료제 복용 후 즉시 효과를 경험하지만, 그와 함께 부작용도 나타날 수 있습니다. 식욕이 줄어든다거나 구역감을 느끼고, 소화불량으로 고생하거나 가슴이 두근거려 오히려 집중이 안 되고, 심한 어지러움을 느끼기도 합니다. 이러한 부작용은 환자마다 그 정도와 빈도가 다르게 나타나기 때문에 어떤 사람은 약을 지속적으로 복용할 수 없을 만큼 괴로워하기도 하고, 어떤 사람은 초기에 살짝 나타났다가 사라지기도 합니다. 또 ADHD 치료제는 중추신경자극제와 비중추신경자극제, 두 가지로 나뉘는데 환자에 따라 어떤 약은 효과가 나타나기도 하고 그렇지 않을 수도 있습니다.

그럴 때는 너무 놀라거나 좌절하지 마세요. 주치의 선생님은 약물 치료에 대한 반응과 부작용, 효과에 관해 경험이 많은 전문가입니다. 약을 먹고 느끼는 사소한 변화나 불편도 선생님과 적극적으로 소통하셔야 합니다. 어떤 환자분들은 약의 부작용을 경험하면 자의로 진료를 중단하거나 치료를 거부하기도 하는데요, 조금만 더 시간을 갖고 치료에 임해보세요. 부작용이 심하고 맞지 않는 약을 억지로 먹으라고 강요하는 의사는 없을 거예요. 주치의 선생님과 상세히 상담해, 느끼는 반응에 따라 세심하게 약을 조절하거나 바꾸다 보면 자신에게 맞는 용량과 약의 종류, 처방 조합을 찾을 수 있을 겁니다.

치료를 시작하면서 잘해야 한다는 압박감, 나아져야 한다는 생각 때문에 오히려 불안이 높아지는 경우도 있습니다. 기존에 불안장애를 갖고 있었다면 더욱 악화될 수도 있습니다. 불안은 주의력에 영향을 주는 요소이기 때문에 불안이 심하면 약물을 복용해도 주의력 개선을 느끼지 못할 수 있어요. 이런 경우 주치의에게 이야기해서 불안장애를 치료하는 약물을 병용하거나 불안장애를 먼저 치료한 후 ADHD 치료를 이어나가는 것이 좋습니다.

아까 중추신경자극제와 비중추신경자극제로 나뉜다고 하셨는데요, 그게 뭔가요? 약의 작용 기전이 다른 건가요?

<u>중추신경자극제</u>는 우리 나라에서 사용할 수 있는 ADHD 약물 가운데 가장 효과가 좋고 빠른 메틸페니데이트 제제를 말합니다. 대표적으로 '콘서타'라는 약과 '메디키넷'이라는 약이 있는데요, 콘서타는 약효가 12시간 지속되고 메디키넷은 6~8시간 지속되는 서방형 약입니다. 이 약들은 도파민, 노르에피네프린과 같은 신경전달물질의 불균형을 조절해줍니다. 그래서 주의력 저하와 과잉행동, 충동성 조절에 효과를 나타냅니다.

　모든 약이 그러하듯이 이 약들도 부작용이 나타날

수 있는데요, 가장 많이 나타나는 부작용은 가슴이
두근거리고 긴장되는 느낌이 지속되는 것입니다.
그래서 약물 적응 초반에는 커피나 홍차 같은 카페인이
함유된 음료를 드시지 않기를 권장합니다. 그 밖에도
짜증이 나거나 과민해지고, 식욕부진 및 체중 감소,
수면장애, 구역, 소화불량, 입마름 등의 부작용이 나타날
수 있고 약효가 끝나갈 시간 즈음에 더 산만해지거나
급격한 피로를 느낄 수도 있습니다. 앞서 이야기한 대로
불안장애가 있을 경우 이를 심화시키거나 증상을 자극할
가능성도 있어서, 그런 경우에는 비중추신경자극제부터
처방하거나 다른 불안장애 치료 약물과 함께 처방하기도
합니다. 메틸페니데이트 제제는 다른 약물과
상호작용하는 경우가 있으므로 기존에 복용하는 다른
약물이 있다면 의사에게 꼭 알리고 상의하시는 게
좋습니다.
　<u>비중추신경자극제</u>로는 아토목세틴이 있습니다.
뇌의 노르에피네프린 농도를 조절해주는 역할을 해서
ADHD의 증상을 완화시킵니다. 메틸페니데이트 제제
약물을 최적 용량까지 늘려서 복용해도 효과가 충분하지

않을 때 병용하고, 식욕 저하나 불면 등의 부작용이 심해 메틸페니데이트 약물의 용량을 충분히 올릴 수 없거나 사용할 수 없을 때 병행해서 혹은 단독으로 사용합니다.

아토목세틴은 메틸페니데이트 제제처럼 약효의 온-오프(on-off), 즉 시작과 끝이 명확하지 않은 특징을 가집니다. 작용 시간이 정해져있지 않다는 것이죠. 이러한 점은 아토목세틴의 장점이자 단점일 수 있는데요, 즉각적인 효과를 보여주지는 않기 때문에 적어도 2~4주 정도의 복용 기간과 경과 관찰이 필요합니다. 이런 특징이 다소 답답하게 느껴질 수도 있지만, 불안이 높아서 약물 효과가 떨어지는 ADHD 환자에게는 더 유용하게 사용됩니다.

콘서타와 아토목세틴을 병용하는 경우도 많은데요, 어느 환자분이 말씀하시길 "콘서타가 근시 교정 렌즈 같았다면, 아토목세틴을 더하니 난시 교정까지 해준 기분"이라면서, "콘서타가 주된 효과를 발휘한다면, 아토목세틴은 세심하고 침착하게 바탕을 잡아주는 것 같다"고 설명하시더라고요. 저는 이 얘기를 듣고 무릎을 쳤답니다. 콘서타와 아토목세틴을 병용했을 때의 효과를 너무나 적절하게 표현한 것 같았거든요.

물론 아토목세틴도 부작용이 나타날 수 있습니다. 불면을 겪을 수도 있고 잠을 잘 자더라도 이상한 꿈을 꿀 수 있습니다. 철렁하는 느낌이나 긴장감이 느껴지기도 하고 예민해지기도 합니다. 반대로 졸음이 몰려오거나 더 무기력해지기도 합니다. 울렁거림, 식욕부진, 입마름, 어지럼증 등이 나타나기도 합니다. 보통은 오전에 복용하는 것이 좋지만 졸음이 몰려오는 부작용이 있다면 밤에 복용하도록 하는데, 그러면 불면 해소와 함께 아침 기상에 도움이 되는 경우도 있지요.

자신에게 잘 맞는 약의 종류와 용량, 조합을 찾았다면, 언제까지 약을 먹어야 하는 걸까요? 정신과 질환은 완치보다는 관리의 개념으로 접근해야 한다고 하셨는데, 그럼 평생 약을 먹어야 하는 건가요?

○

ADHD 환자들이 가장 많이 하는 질문이에요. "언제까지 치료해야 하나요?"

ADHD 치료제가 근본적인 원인을 없애는 약이 아니라서 치료 기간에 대한 막막함이 큰 것 같아요. 공황장애는 치료제인 항우울제를 꾸준히 복용할 경우 증상 조절뿐 아니라 증상을 일으켰던 신경계의 민감성과 취약성이 호전되어 증상 관해(사라짐)가 가능합니다. 그렇게 치료를 통해 재발률이 줄어드는 경우라면 "1년 정도 꾸준히 약을 드시고 증상 관리를 하면 완치 확률이 70% 가까이 되니 열심히 치료하세요!"라고 말씀드릴 수 있지요. 그런데 ADHD는 약으로 완전히 바뀌기 어려운 기질적 특성이라 그렇게 말씀드리기가 어렵거든요. 환자에 따라 필요하면 평생 ADHD 치료제를 먹어야 할 수도 있다는 건 사실이니까요.

하지만 너무 절망하실 필요는 없어요. ADHD 치료에서 가장 중요한 건 약물 치료 기간보다는 의사와 환자가 함께 치료 목표를 정하는 것입니다. 저는 ADHD

치료에서 약물이 하는 역할을 '오리발'에 비유하곤 합니다. 수영을 배우는 과정에서 사용하는 강습용 핀, 일명 오리발이요. 오리발을 착용하고 발차기를 하면 맨발로 할 때보다 훨씬 수월하지요. 평소보다 물에 잘 뜨고 앞으로 나아가기도 편해서 수영을 배우는 강습생들이 팔 동작을 연습하거나 영법을 발전시킬 때 오리발의 도움을 받곤 합니다.

ADHD 치료 약물을 이 오리발이라고 생각해보세요. 혼자만의 노력으로는 개선하기 어려웠던 것들을 약의 도움으로 조금 더 쉽게 개선하는 것이죠. 그렇게 해서 영법이 익숙해지면 오리발이 없어도 수영을 잘할 수 있듯이, 약의 도움으로 일상이 어느 정도 안정적으로 유지된다면 ADHD 약물도 줄여나가면 됩니다. 약물 치료를 하면서 일을 시작하고 동기를 유지하고 지속해나가는 것이 원활해지면, 루틴을 정리하거나 과제를 완수하는 과정을 충분히 익히고 훈련할 수 있게 됩니다. '주의를 기울여 집중하는 게 이런 거구나' 하는 감각을 직접 체감하면서 원하는 정도의 집중과 실행 수준을 조절하게 되면 약이 좀 덜 필요하다고 느낄 거예요. 이 정도면 일상생활과 사회생활에 무리가 없겠다 싶은 수준을 주치의 선생님과 상의하여 치료 목표로 정해보세요. 그러면 어느 순간 약을 줄여나갈 수 있는, 그러니까 오리발 없이도 능숙해지는 시기를 맞이할 수 있을 것입니다. 물론 그 시기는 환자마다 천차만별이니 시간이 어느 정도 필요하다고 딱 잘라 말할 수는 없습니다. 그렇다고 조급해하거나 까마득해하거나 답답해하지 않아도 됩니다. 약물에 대한 과도한 두려움도, 넘치는 기대감도 치료에 큰 도움이 되지 않으니 차분하게 '마음의 오리발'에 몸을 맡겨보세요.

그렇게 약이 덜 필요하다고 느껴서 조절하게 되면 참 다행스러운 일입니다. 그런데 약이 더 필요하다고 느껴서 자의적으로 정량 이상을 복용하는 일도 생깁니다. 많은 일을 한꺼번에 해야 하는 마감이 닥쳤다든지, 중요한 프로젝트를 수행해야 하는 경우 마음이 조급해지니까 정해진 용량을 지키지 않고 두 배로 복용해버리는 분들도 있습니다. 당장은 효과를 볼 수 있을지 몰라도 이건 미래의 에너지를 끌어와서 쓰는 것과 같기 때문에 결국 번아웃이 오고 맙니다. ADHD 약이 없던

능력을 극대화시켜주는 것은 아니에요. 약은 기능이
떨어진 전두엽에게 "선생님, 정신 차리십시오!" 하며
각성시켜주는 조교 같은 존재라고 생각하면 쉽습니다.
그런데 이 조교가 쉬는 시간도 없이 계속해서 우리 뇌를
깨우면 몸이 먼저 지쳐버리겠지요. 게다가 전에는 조교가
한 번만 말해도 실행되던 것이 어느 순간 두 번, 세 번
말해야 겨우 실행되는 단계가 온다고 생각해보세요.
약에 내성이 생기면 복용량은 계속 늘고 부작용과 피로가
심해질 수밖에 없습니다.

　ADHD 환자가 아닌 사람이 ADHD 치료약을 복용하는
일도 있어서는 안 되겠습니다. 소위 '공부 잘하는 약'으로
오인되어 청소년들 사이에 암암리에 메틸페니데이트
제제의 약이 유통되는 일이 있다고 해서 요즘 사회
문제가 되고 있지요. 제가 앞서 설명드린 약의 특성을
잘 이해하셨다면 ADHD 환자가 아닌 사람이 이 약을
복용했을 때 어떤 문제가 발생할지 예상이 되시죠?
그렇습니다, 약물의 부작용만을 경험할 뿐입니다. 심장이
두근거리고 기분이 들쭉날쭉 변덕을 부리고 극심한
불안과 불면, 두통, 어지러움, 식욕부진 등이 나타나

오히려 공부하는 데 방해가 됩니다. 그러므로 성장기 청소년들은 의사의 진단 없이 임의로 메틸페니데이트 제제의 ADHD 치료제를 복용해서는 안 됩니다. ADHD가 의심된다면 보호자와 함께 병원에 방문해 전문의의 진단에 따라 치료 여부를 결정하셔야 합니다.

ADHD인의
아킬레스건,
수면이라고?

ADHD인들이 수면 문제로 고민하는 경우도 많은 것 같더라고요. 잠이 들기 어렵다거나, 아침에 일어나기 힘들다거나, 잠이 오는 것인지 집중이 안되는 것인지 모르게 늘 몽롱하다는 이야기들도 접했는데요, 수면과 ADHD가 무슨 관련이 있을까 싶어서 좀 갸우뚱했거든요. 사실 저도 평생을 지각쟁이로 살아왔는데 그냥 내가 잠이 많고 게으른가 보다 했어요. 그런데 잠과 ADHD가 관련이 있나요?

많은 분들이 진료실에서 잠과 관련된 어려움을 토로해요. 특히 ADHD 환자에게 잠이란 얄미운 나비와 같이 손에 잡힐 듯 잡히지 않습니다.

진료실에서 ADHD 환자분들에게 가장 많이 듣는 하소연은 "아침에 제시간에 일어나기가 정말 어려워서 괴로워하며 겨우 일어난다"는 것이에요.

알람 소리에도 못 일어나고 잠이 너무 많아서 수면 클리닉에 가볼까 고민했다는 분들도 많습니다. 청소년기에 수업 시간 내내 자기만 했다는 성인 ADHD 환자분도 있었습니다. 이 경향성은 특히 대학에 진학해서 혼자 사는 경우에 가장 심각하게 드러나는데요. 오전에 못 일어나서 오전 강의를 거의 듣지 못하거나, 시험을 빼먹어 F를 받았다는 ADHD인들의 증언이 줄을 잇습니다. 그럼에도 중요한 과제 제출, 시험, 약속이 있는 경우, 회사에서 중요한 행사가 있는 경우에는 아침에 일어나지 못할까 봐 아예 학교나 사무실에서 자는 사람들도 있어요. 아니면 아예 밤을 꼴딱 새우고 피로한 정신으로 시험이나 행사에 참석하는 나름의 방법을 사용하기도 합니다. 그야말로 몸을 갈아 넣는 것이죠.

평소에도 늘 늦게 일어나다 보니 출근이나 등교를 항상 허둥지둥 서두르게 됩니다. 졸리고 컨디션이 안 좋은 가운데 시간을 맞추려고 서두르는 과정에서 중요한 서류나 책을 집에 두고 오거나, 출근길에 지갑이나 스마트폰을 잃어버리곤 합니다. 시간이 늦었으니 예정에

없이 번번이 택시를 타게 되지만 러시아워라도 걸리면
길은 꽉 막히고, 하필이면 내비게이션를 무시하는
기사님을 만나거나 난데없이 접촉 사고라도 난다면 정시
출근이나 약속 시간 맞추기에 많은 에너지를 소진하게
됩니다. 나름대로 애를 써도 지각하는 일이 많아
속상하고 스스로를 탓하게 되고, 지은 죄가 많으니 자꾸
눈치를 보게 되고, 일부러 늑장 부린 것도 아닌데 근무
태도 평가에 불리하게 반영되니 억울하기도 하고요.

　출근하고 등교했으니 이제 괜찮을까요? 일과 시간
중에도 여전히 어려움이 생깁니다. 어떻게든 잠에서 깼고
두세 시간이 지났는데 아직도 정신을 차리기가 힘듭니다.
한동안 뇌가 덜 깨어난 것 같고 낮에도 졸음이 몰려와
그날 해야 할 일이나 공부 등을 활발하게 수행하는 것이
쉽지 않습니다. 어떤 분들은 점심 식사를 하고 나면
식곤증이 몰려와 오후 2시~3시 마의 구간을 지나가는
것이 힘들다고도 하시고요. 이렇듯 많은 ADHD인들에게
가장 힘든 일이 업무 수행도, 성적 관리도 아닌 '제시간에
등교/출근하기'인 경우도 많습니다. 가장 기본이 되는
일인데 이마저도 너무 어렵게 느껴지니 본인도 정말

지치고 힘들겠지요.

대부분의 ADHD 환자, 특히 청소년이나 청년분들은 저녁 즈음에 주의집중이 더 잘 된다고 합니다. 다른 사람들은 슬슬 피곤해져 그날의 업무를 마무리하거나 휴식을 취하기 시작하는 시간에 몸과 마음이 쌩쌩해진다는 것이지요. 이처럼 일반적이지 않은 활성도 때문에 주변 사람들과 협업하거나 일상에서 소통하고 함께 생활하는 것이 어려워질 수 있습니다. 가족들은 차분히 잠자리에 들 준비를 하는데 본인은 그때부터 과제를 시작하거나 함께 놀자고 할 수 있으니까요.

ADHD인들은 왜 제시간에 자고 제시간에 일어나지 못하는 걸까요? 저도 다음 날 출근을 하려면 지금 자야 한다는 걸 아는데도 자꾸만 잠을 거부(?)하게 되더라고요. 늦잠을 자면 하루가 엉망이 된다는 걸 누구보다 잘 알고 있으면서도 잘 고쳐지지 않으니 정말 괴롭고

힘들었어요.

우리 뇌의 시상하부의 상교차핵이라는 곳이 일주기 리듬을 결정하는 일종의 생체 시계인데요, 어떤 사람들은 이 생체 시계가 밤에 자고 아침에 깨는 일반적인 리듬과는 다르게 설정되어 평범한 사회적 루틴을 유지하는 데 어려움을 겪습니다. 이런 어려움을 일주기 리듬 수면장애라고 부릅니다. ADHD를 가진 분들은 이 중에서도 지연성 수면 위상 증후군(Delayed Sleep Phase Syndrome)을 주로 경험합니다. 잠자는 데에 필요한 호르몬인 멜라토닌의 분비 자체가 1.5~2시간 이상 지연되어 잠들기도 어렵고, 심한 경우는 밤에 주된 활동이나 놀이를 하다가 새벽 5~6시가 되어서야 잠이 들기도 합니다. 누군가는 밤중에 방해 요소가 적기 때문에 이때 집중을 요하는 일을 처리할 수 있어서 주로 밤에 작업을 하는 통에 수면 리듬이 더더욱 늦어지기도 합니다. 더구나 요즈음에는 저녁 늦게까지 영상물을 보거나 스마트폰을 보며 빛에 노출되는 일이 많다 보니 수면 위상이 더욱 지연되고요. 그러니 만성 수면 부족에 시달리는 경우도 많아집니다.

불면증이 있는 경우도 꽤 많습니다. 성인 ADHD 환자 네 명 중 세 명이 밤에 잠들기 위해 마음을 차단(shut-off)하는 것이 어렵다고 보고합니다. 푹 자기 위해 방의 조명 스위치는 끄지만, 뇌의 각성 스위치는 끌 수 없는 것입니다. 자려고 누워서 머리를 비우고 양이라도 세어보려 해도, 갑자기 떠오르는 그날 있었던 일들, 앞으로 해야 할 일에 대한 걱정, 여기서 파생된 상상 등이 꼬리에 꼬리를 뭅니다. 이런 상황을 ADHD의 "생각의 질주(racing thoughts)"라고도 표현하는데요, 평소에 일어나기도 하지만 특히 잠들기 전에 입면을 크게 방해합니다. 과잉행동과 충동성이 강한 분들은 가만히 잠이 오기를 기다리는 것이 답답하고 괴로워서 자꾸 몸을 꼼지락거리며 잠을 못 이루기도 합니다. 꽤 많은 ADHD인들은 밤에 여러 번 깨는 편치 않은 잠을 자게 되고, 자고 일어나서도 상쾌함을 경험하지 못합니다. 이처럼 수면이 계속 어려워지니 잠드는 것, 자는 것 자체에 대한 걱정과 노이로제가 늘어서 갈수록 불면증이 악화되기도 합니다.

그런데 상당수의 환자들은 계속 아예 못 잔다기보다는, 새벽 3~4시까지는 자다 깨거나 얕게 자다가 그 후에 뒤늦게 "죽은 것처럼" 깊이 잠들고 맙니다. 이렇게 한번 깊이 잠이 들면 일어나야 하는 아침 시간에는 큰 소리의 알람이 여러 개 울려도 듣지 못하거나 끄고 다시 잠들죠. 동거인들이 와서 깨우려고 해도 어려운 경우가 많아요. 마지못해 겨우 깨어서도 충분히 깰 준비가 안 된 상황에서는 정신이 없거나, 짜증을 많이 내게 되거나, 공격적이 되기도 합니다.

그 외에도 ADHD는 다양한 수면 관련 어려움과 관련이 있다고 합니다. 약 20~30%의 ADHD 환자에게서 수면무호흡증이 발생한다는 연구 결과가 있고요. 많은 수의 ADHD인은 하지불안증후군을 경험한다는 보고도 있습니다. 하지불안증후군은 쉬거나 가만히 있을 때에 다리에 근질거리는, 따끔거리는, 저리는, 무언가 기어가는 것 같은, 설명하기 어려운 이상 감각과 초조함이 느껴지고 다리를 움직이고 싶은 충동이

일어나는 질환으로, 자기 전에 특히 악화되어 수면에
지장을 줍니다.

보기 드문 수면 질환인 기면증 또한 ADHD와 관련이
있다는 연구들이 있습니다. 기면증의 주요 증상은 낮
동안의 참을 수 없는 졸음인데, 가위눌림, 잠꼬대, 탈력
발작(흥분 시 근육에 힘이 빠지는 증상) 등이 나타날 수도
있고 이런 증상 없이 졸음만 있는 경우도 있습니다.
기면증은 하이포크레틴이라는 뇌 각성 호르몬의 생성이
불완전하거나 줄어드는 경우에 발생하며, 청소년기에
처음 나타나는 경우가 많습니다. 심한 졸음으로 학업과
생활에 장애를 초래하며, 운전자의 사고 위험을 높일
수 있어요. 또한 이렇게 낮 동안의 졸림을 참아내는
과정에서 주의력 저하, 짜증, 편두통 등이 발생할
가능성도 높습니다. 어떤 연구에서는 기면증이 있는
성인은 어렸을 때 ADHD 증상을 경험했을 가능성이 두
배나 높다고 보고합니다.

이렇게 설명을 들어보니 잠을 자고, 일어나고, 하루의 생체 리듬을 조절하고 루틴을 만들어가는 게 ADHD인들에게는 정말 쉽지 않은 일이라는 생각도 드네요.

맞아요. ADHD가 있는 경우 뇌의 각성과 주의력을 유지하고 조절하는 능력에 손상이 있는 경우가 많고 이것이 수면과도 깊은 관련이 있습니다. 수면 문제가 ADHD의 직접적인 증상이라고 보는 학자들도 있습니다. 그래서 사회에서 통용되는 하루 일과와 나의 일주기 리듬을 맞추고 그에 맞게 자고 일어나고 활동하는 것이 ADHD인에게는 매우, 어쩌면 가장 어려운 일이에요. 그러다 보니 프리랜서나 개인사업자처럼 업무 시간에서 자유로운 일을 하고 있는 ADHD인도 많아요. 그런데 그런 경우라 해도, 나름대로의 규칙을 갖춘 수면과 일상 리듬은 생활의 효율성과 심신 건강을 위해 너무나 중요합니다. ADHD 환자들에게 잠은 소중하지만 뜻대로 되지 않는, 악동과도 같은 존재일 것입니다. 자야 할 때는 잠이 오지 않고, 깨야 할 때는 잠이 오니까요. 더구나 ADHD의 수면 문제는 나이가 들수록 심해지는 경우가 많아서 더욱 주의를 요합니다. ADHD가 아니어도 나이가 들면서 불면 등 수면 문제가 심화되는 경우가 많아요.

저는 ADHD 치료를 받는 여러분들이 특히 수면과 관련된 어려움을 주치의와 충분히 상의하고 이에 대한 인지 치료, 약물 치료 등을 하시기를 적극 권장하고 싶어요. 그리고 필요한 경우라면 야간수면다원검사와 다중수면잠복기검사(낮잠검사) 등으로 수면 상태를 더 면밀히 평가해보는 것도 도움이 됩니다.

잠,
ADHD를
푸는 열쇠

정신과 진료를 가면 선생님이 항상 '잠은 잘 자는지' 물어보시더라고요. 그럴 때마다 저는 대체 그걸 왜 궁금해하시는 건지가 궁금했거든요. 그런데 ADHD에 대해 알수록, 정신건강에 대해 알아볼수록 잠이 정말 중요하구나 싶어요.

O

아아! 제가 이 책을 쓴 이유의 절반 정도는 성인 ADHD 환자분들에게 규칙적이고 좋은 잠의 중요성을 강조하고 싶어서라고 해도 과언이 아닙니다. 제가 약 15년가량 정신건강의학과 전문의로서 진료를 해왔는데요, 진료 시간의 최소 10% 정도는 "잠에 잘 드시나요, 중간에 깨지는 않으시나요, 깼다가 다시 잠드는 것이 어렵지는 않으신가요, 아침에 너무 일찍 눈이 떠지진 않으시나요, 취침 약은 몇 시에 복용하시나요, 몇 시에서 몇 시까지 주무시나요, 수면 시간은 일정한 편인가요, 적어도 뇌의 멜라토닌이 가장 많이 분비되는 밤 10시~새벽 2시 사이엔 꼭 주무셔야 해요, 전날 늦게 잠드셨다 해도 수면 리듬 안정화를 위해 아침에 일어나는 시간을 일정하게 하셔야 합니다…" 등등 잠에 대한 질문과 걱정, 계획과 당부로 사용했던 것 같아요. 후회는 없습니다. 잠은 정신건강 전반에 걸쳐 떼려야 뗄 수 없는 관계거든요.

수면은 크게 렘수면(REM, Rapid Eye Movement)과 비렘수면(NREM. Non-REM)으로 나뉘고, 비렘수면은 다시 1~2단계 깊이의 얕은 수면과 3~4단계의 깊은 수면으로 나뉩니다. 각 단계에서는 각각의 중요한 회복과 쉼이 일어나는데요. 렘수면(꿈수면)에서는 기억 재편성 등 인지 기능 회복이, 얕은 수면에서는 전반적인 에너지 회복이, 깊은 수면 단계에서는 대사 조절 및 호르몬 분비 조절 등의 신체 기능 회복이 주로 일어납니다. 이런 각 단계들이 적절한 비율과 시간으로 원활하게 이어질 때 수면의 회복 기능이 극대화됩니다. 그렇기 때문에 여러 이유로 충분하고 효율적인 수면을 취하지 못하면, 신체적인 피로는 물론 질병과 정신적인 여러 어려움이 발생하는 것이지요. ADHD 환자가 어려움을 겪는 주의력 문제와 각성, 그리고 정서 조절에도 큰 영향을 미치게 되고요.

실제로 건강한 개인도 수면 문제가 있으면 억제 조절이 어려워지고 충동성이 늘어난다는 연구가 있습니다. 다른 한편으로는 수면 구조의 변화가 ADHD 증상을 악화시킬 수 있다고 합니다. 또한 성인 ADHD에서는 정신과적 공존 질환이 있을 확률이 70~80%나 되기 때문에 잠을 잘 자는 것이 이러한 공존 질환을 돌보는 데도 매우 중요합니다.

수면-각성의 리듬과 전환이 잘 이루어지지 않는 ADHD인에게는 일상의 루틴을 정립하고 유지하는 것이 정말 어려운 일입니다. 그래서 햇볕 쬐기, 식사 제시간에 하기, 적절히 운동하기, 사람들 만나고 대화하기 등의 일과를 규칙적으로 진행하는 것에도 어려움이 따릅니다. 그러다 보니, 신체 질환이나 정신적 질환의 치료를 위해 매일 약물을 복용하는 것도 쉽지 않습니다. 보통 약들이 식후 몇 분, 잠들기 전 등으로 식사와 수면 리듬에 따라 복용하도록 되어있잖아요. 그러니 이런 주기가 일정하지 않은 ADHD인들은 약도 매일 다른 시간에 복용하거나 빼먹게 되는 경우가 많아요. ADHD 치료제 가운데 서방정(약 성분이 천천히 방출되어 약효 작용 시간이 오래 가는 약) 제제의 경우는 오전에 복용하는 것이 좋은데 너무 늦게 일어나거나 오전 일과를 잘 해내지 못해서 빼먹는 일이 부지기수입니다. 본인이 오늘 오전에 약을 먹었는지, 안 먹었는지 헷갈리고 기억이 잘 나지 않기도 하고요. 심지어 집 안이 어질러진 상태라 집에서, 혹은 가방 속에서 약을 찾지 못해 제시간에 복용하지 못하는 경우도 생깁니다. ADHD 치료를 위해 약을 먹어야 하는데 약 먹는 시간을 지키지 못해 약물 치료에 어려움을 겪는 악순환이 이어지는 것이지요.

하루의 일과도 문제지만 주 단위나 월 단위 등 좀 더 긴 시간 단위의 일과에도 어려움을 겪을 수밖에 없어요. 주기적으로 약속된 시간에 병원에 와서 치료를 꾸준히 하는 것 자체도 ADHD인에게는 쉽지 않은 일이지요. 치료를 위해 규칙적 내원과 규칙적 복약을 해야 하는데 ADHD 증상 때문에 ADHD 약을 못 먹고 인지 치료를 받지 못하는 아이러니가 왕왕 발생합니다. 사실 이 오래된 증상과 습관을 하루아침에 고친다는 기대 자체가 지나친 것일 수도 있습니다. 그럼에도 꾸준히 기록하고 환경을 조절하면서 도전을 계속 반복해보세요. 작은 변화가 이어지다 보면 어느 순간 조금은 달라진 나의 모습을 발견할 수 있을 겁니다.

수면에 어려움을 겪는 ADHD인들이 활용하기 좋은 방법이 있을까요?

수면의 시작과 지속을 촉진할 수 있도록 수면 컨디션을 유지하는 것이 가장 중요합니다. 다음의 요령은 절대적인 것은 아니지만 자신에게 맞는 방법을 하나씩 적용해보세요.

❶ 규칙적인 시간에 잠들고 잠자리에서 일어나세요. 깨어나 침대에서 벗어나는 기상 시간을 일정하게 하는 것이 취침 시간을 일정하게 하는 것보다 먼저이고 더 중요하다는 것을 잊지 마세요.

❷ 침대는 잠을 잘 때만 사용하세요. 침대에서 스마트폰을 보거나 TV를 보는 일도 하지 않는 것이 좋습니다.

❸ 커피를 가급적 줄이세요. ADHD인들은 오전에 정신을 차리기 어렵고 주의력이 떨어지다 보니 마치 약을 먹듯 여러 잔의 진한 커피를 종일 마시는 경우가 많습니다. 그런데 고용량의 카페인은 결국 밤의 숙면에 영향을 줍니다. 커피는 최대한 줄이시고 꼭 마셔야 한다면 오전에 가볍게 마시는 게 좋습니다.

❹ 오전에 햇볕을 쬐는 것은 생체 리듬을 조절하는 데 도움이 됩니다.

❺ 낮 시간의 적절한 운동도 입면에 도움이 됩니다.

❻ 이완법, 명상, 입욕 등으로 자기 전에 적절한 이완 상태를 유지하세요.

❼ 잠자리의 조명, 온도, 습도를 자신에게 쾌적하게 유지하세요.

사람마다 수면에 도움이 되는 요소와 그렇지 않은 요소가 다를 수 있습니다.

예를 들어 누군가는 자기 전에 배가 적당히 차있어야 숙면에 도움이 되고, 누군가는 배가 부르면 잠을 이루지 못합니다. 이런 경우 자신에게 맞는 저녁 식사 시간과 식사량을 찾아 포만감을 조절하시면 좋습니다. 또 어떤 사람은 빛이 전혀 없고 아주 조용한 환경이어야만 숙면하는 반면 백색 소음이 좀 있을 때 오히려 잠이 잘 온다는 사람도 있습니다. 이런 경우는 백색소음이 나는 영상이나 팟캐스트를 이용할 수도 있는데, 꺼짐 예약을 해놓고 손이 닿지 않는 먼 곳에 스마트폰이나 패드를 두는 것이 좋습니다. 왜 먼 곳에 두어야 하냐고요? 그렇지 않으면 금세 스마트폰을 집어 들어 딴짓을 할 수 있기 때문이지요.

빈혈이 있거나 하지불안증후군이 있어 자려고 하면 몸이 예민해지며 잠들기 어려운 경우도 있습니다. 이럴 때는 반드시 치료를 통해 불편감을 해소하는 것이 좋습니다. 촉감에 민감한 경우라면 촉감이 거슬리지 않는 이불이나 베개가 도움이 됩니다. 자꾸 꼼지락거리는 경우 무겁고 포근한 이불로 몸을 눌러주면 더 쉽게 잠들고 잠의 질도 좋아집니다.

① 잠에서 깨어나 완전히 정신을 차리고 싶을 때
ADHD 환자는 아침에 일어난 뒤 침대에서 벗어나 주방이나 테이블에 가서 약을 먹는 것도 어려워합니다.

그래서 제가 진료실에서 내담자들과 함께 고안한 방법이 하나 있습니다. 자기 전에 머리맡에 ADHD 약과 뚜껑 달린 컵에 물 한 잔을 준비해둡니다. 그리고 실제로 일어나려고 계획한 시간보다 한 시간 전에 알람이 울리도록 설정하는 거죠. 첫 알람이 울려서 잠이 살짝 깨면 옆에 준비된 약을 복용하고 다시 잠듭니다. 한 시간 후 두 번째 진짜 알람이 울리면 약물의 혈중 농도가 최고 수준에 도달하는 때와 일치하기 때문에 어떻게든 침대에서 일어나 일과를 시작하는 데 도움이 됩니다. 저와 환자들이 함께 해보던 방법인데, 여러 ADHD 관련 저널에서 세계적인 학자들도 비슷한 방법을 제안하여 기뻤던 기억이 있습니다.

② 일주기 리듬의 조율에 문제가 있을 때

일출 시뮬레이션 조명이나 광 치료가 도움이 되기도 합니다. 또한 멜라토닌 복용도 도움이 될 수 있습니다. 그러나 모든 환자에게 적합한 방법은 아니므로 이 같은 추가 치료를 해보기 위해서는 면밀한 수면 평가와 주치의와의 상의가 꼭 필요하다는 점도 기억해주세요.

ADHD 환자가 생체 시계 조율이 어렵다는 점이
시간의 흐름을 판단하는 데 어려움을 겪는 원인이
될 수 있다는 가설도 있습니다. 내부 생체 시계가 잘
'설정'되어 있지 않다 보니, 결과적으로 이들은 '지금'과
'지금이 아님'이라는 두 가지 상황만 경험합니다. 많은
ADHD인들이 시간이라는 것을 '다른 사람들에게는
중요하지만 본인은 체감하거나 통제하지 못하는
추상적인 개념'으로 경험한다는 것입니다.

일주기 리듬과 ADHD 사이의 연관성을 확립하려면
더 많은 연구가 필요하겠지요. ADHD는 여전히 더 많은
사례가 축적되고 더 많은 논의와 연구가 진행되어야 할
미지의 영역이기도 하니까요. 하지만 '수면'은 우리의
정신건강 전반에서 무척 중요한 부분이라는 것만은
분명합니다. 잠이 들지 못하거나, 자다가 자꾸 깨거나,
아침에 일어나는 게 힘들거나, 일과 중에도 뇌가
잠들어있는 것 같은 피로를 느낀다면 꼭 병원에 들러
문제의 원인을 찾아보시는 게 좋겠습니다.

너 자신의
스트레스를
알라

실제로 ADHD 진단을 받으면 정말
혼란스러울 것 같아요. 자신의 진단에
대한 반응도 제각각일 것 같은데요,
어떻게 하면 이런 혼란의 스트레스를
조금이라도 줄일 수 있을까요?

○

에고신토닉(ego-syntonic)과 에고디스토닉(ego-
dystonic)이라는 개념이 있어요. 에고신토닉은
'자아동조적'이라는 의미고, 에고디스토닉은
'자아이질적'이라는 의미입니다. 좀 어려우실 테니 예를
들어 설명해볼게요.

  자기 자신을 외계인이라고 생각하는 사람이
있습니다. 나는 남다르고 안드로메다에서 신호를
받고 있다고 믿고 있지요. 남들이 보면 저 사람
좀 이상하다고 생각하겠지요? 하지만 그 자신은
스스로가 전혀 이상하지 않습니다. 그러니 불편하지도
불행하지도 않습니다. 이런 경우가 바로 에고신토닉, 즉

자아동조적인 상태입니다.

　반대로 나 자신이 외계인이라고 느껴지는데 이런 생각이 이상하다는 걸 스스로도 아는 사람이 있습니다. 나도 그러고 싶지 않은데 자꾸만 기이한 방향으로 생각이 흘러가거나 뜻밖의 행동을 하게 됩니다. 이런 내가 너무 싫고 괴롭습니다. 이런 경우가 에고디스토닉, 즉 자아이질적인 상태입니다.

　보통 강박증을 가진 경우 에고디스토닉 경향이 강합니다. 이렇게까지 손을 자주 씻고 샤워를 자주 할 필요는 없다는 걸 알지만 씻고 싶은 마음과 행위를 제어할 수가 없습니다. 내가 생각해도 이건 너무 지나치다는 걸 알고 주변에서도 이상하게 생각하고 있으니 이보다 괴로울 수가 없지요. 이렇게 자기비판적인 성향이 강하면 본인의 스트레스 역시 커집니다. 하지만 에고신토닉 경향을 가진 사람들은 남들이 뭐라 하든 나는 아무렇지도 않습니다. 스스로 문제가 있다고 느끼지 않으니 스트레스를 받을 이유가 없지요.

　환자들이 ADHD를 받아들이는 태도에서도 이렇게 상반된 경향이 보이곤 합니다.

▶ 내가 덤벙대고 실수를 좀 하고 산만하지만 세상에 완벽한 사람은 없으니까 뭐.

▶ 내가 덤벙대고 실수가 많고 산만해서 나 자신이 너무 싫은데 이게 병이었다니 큰일 났다!

전자의 경우 아무래도 본인이 느끼는 스트레스는 덜하겠지요. 하지만 후자의 경우 자주 비관적인 상태가 되거나 지나치게 자신을 몰아붙이고 자책하며 괴로워할 수 있습니다. 에고디스토닉 경향이 적당히 있으면 개선하는 데에 도움이 되지만, 지나치면 자기비판에 에너지를 다 써버려서 정작 개선에 필요한 에너지를 끌어 쓸 수가 없습니다. ADHD는 치료를 통해 개선할 수 있고 관리할 수 있는 질환입니다. 또한 모든 사람의 치료 목표가 절대적으로 같지는 않습니다. 그러니 완벽하게 개선하고 교정해야겠다, 나도 저 사람만큼의 상태에 도달해야겠다는 절대적인 종착지를 향해 갈 필요는 없습니다. 편안한 마음으로 자신의 상태를 받아들이고 스스로에게 너그러워지세요.

현대사회에서는 틀에서 벗어난 것을 정신질환으로 정의하는 경우가 많은 것 같아요. 사회가 정한 어떤 틀 안에 제대로 안착해있지 않으면 비정상으로 규정하고 고쳐야 한다는 압박이 너무 강하다는 느낌이 들어요.

○

특히나 ADHD가 그런 틀에서 가장 많은 핍박을 받는 질환인 것 같아요. 기분장애인 우울증은 500년 전에도, 1000년 전에도 존재했거든요. 상실을 겪어서 우울하기도 하고 기질적으로 우울한 사람도 있고 사는 게 힘들어서 우울하기도 하니까요. 조울병이나 조현병 역시 오래전부터 있었고 진단되었습니다. ADHD도 물론 존재했겠지만 이전에는 큰 문제가 되지 않았다가 사회가 규격화되면서 점점 더 두드러지기 시작한 측면이 있습니다.

예를 들어 과거의 사회를 가내수공업장이라고

149

가정한다면, 누가 어쩌다 물건을 하나 못 만들어도 "얘가 좀 서툴구나, 조금 비뚤지만 나름 개성이 있는 물건이네" 하고 넘어갔겠지요. 그런데 대형 공장이라는 환경이 되어버리면 물건을 제대로 못 만든다는 건 불량률이 높아진다는 의미가 됩니다. 공장의 목표는 품질이 균일한 상품을 효율적으로 만들어내는 데 있습니다. 그러니 정해진 공정대로, 정해진 규격대로 만들어지지 않으면 생산의 효율성이 떨어지고 공장이 추구하는 목표를 이루지 못하게 됩니다. 불량품은 가차 없이 제외되어야 하지요. 가내수공업장에서의 실수와 공장에서의 실수는 전혀 다른 차원의 문제가 되는 겁니다.

조심스러운 이야기지만 저는 한국이 ADHD인이 어울려 살아가기에 가혹하고 척박한 사회라고 생각합니다. 한국 사회에서는 대체로 타인에게 엄격하고 손해 보는 것을 극도로 싫어하며, 어디서나 높은 기준을 적용해 서로를 질책하고 조금만 권력 차이를 느껴도 갑질부터 하려 드는 경향이 있습니다. 이런 사회에서 자주 실수하고 약속을 지키지 못하고 충동적으로 행동하고 산만하고 덤벙대는 ADHD인은 불량률을 높이는 고장 난 부품이 될 수밖에 없지요. 서열 문화가 강해 신입 구성원이나 직책이 낮은 팀원에게는 특히 겸손하고 성실한 자세, 빈틈없는 일 처리가 강요되기도 합니다. 실수를 용납하지 않는 고객 응대 직업에서라면, 가혹한 평점 문화 속에서 이제 막 사회에 나와 업무를 익히고 자리를 잡으려 하는 ADHD인의 입지가 더욱 위태로워지겠지요. 불량품 취급을 받고 싶은 사람은 없을 겁니다. 사회의 구성원으로서 자립하고 기여하며 살아가려면 어떻게든 이 문화에 적응하고 경력도 쌓아가야 하잖아요. 그러니 ADHD에 대해 알고 싶어 하고, 고치고 싶어 하고, 붐이 일어날 정도로 각광을 받는 게 아닌가 싶어요.

ADHD를 정확히 진단하려면 진료실에서 환자가 어떤 자세를 보이느냐도 굉장히 중요한 것 같아요. 가끔 정신과 진료 후기를 보면 의사 앞에서 솔직하게 이야기하지 못했다는

얘기도 많더라고요. 아니,그건 시간 낭비, 돈 낭비 아닌가 싶은데 의외로 그런 경우가 꽤 많다고 하더라고요.

사실 상대가 아무리 의사라도 처음 보는 사람 앞에서 자신의 내밀한 이야기를 한다는 것은 누구에게나 쉽지 않은 일입니다. 특히 정신건강의학과 진료를 처음 보는 경우에 더더욱 그렇지요. 진료실에서 솔직해지지 못하는 것은 여러 이유가 있겠지만, 우선 의사와 환자가 서로 안 맞는 경우가 있어요. 의사도 저마다 진료 스타일이 다르고, 상담의 방식이나 시간, 처방 등이 조금씩 다르잖아요. 병원을 선택할 때 상세한 사전 정보를 미리 알고 방문하기는 어려우니 상담을 하면서 파악하게 되고, '어, 이분은 나랑 안 맞는 것 같다'는 느낌을 받으면 아무래도 위축될 수밖에 없겠지요. 괜찮습니다. 그럴 수 있어요.

단 한 번의 진료로 판단할 필요는 없습니다. 천천히

진료를 받아보고 역시 나와는 안 맞다고 느끼면 다른 병원을 찾으면 됩니다.

지속적으로 진료를 잘 받던 환자가 의사에게 솔직해지지 못하는 경우도 있습니다. 상담을 통해 진료를 이어가다 보면 환자가 자기도 모르게 '선생님을 실망시키고 싶지 않다'는 마음이 들 때가 있다고 해요. 이렇게 오래 진료를 받았는데 여전히 나아지지 않은 것 같다고 말하면 선생님이 실망하지 않을까 하는 마음에 괜찮지 않은데 괜찮다고 답하고, 잘 지내지 않았는데 잘 지냈다고 말하는 경우가 있어요.

의사와의 관계가 좋을수록 더 그런 경향을 보이기도 합니다. 뭔가 좋은 치료 성적을 보여주고 싶기도 하고, 엄마 걱정시키고 싶지 않은 아이의 마음처럼 내가 잘 지내지 못했다고 하면 선생님이 상심할 것 같으니까요. 참고로 말씀드리자면 정신과 의사는 환자 상태에 변화가 없더라도 개인적으로 상심하거나 실망하지 않으니 그런 염려는 전혀 안 하셔도 됩니다. 또한 그 때문에 제대로 진단이나 처방을 받지 못했을까 봐 걱정하지 않아도 됩니다. 정신과 의사는 그런 점을 어느 정도는 염두에

두고 상담을 진행합니다. 100% 있는 그대로 자신을
드러내기는 어려운 일이라는 걸 누구보다 잘 알고
있어요.

진료실에서는 정말 편안하게 자신의 상태나 감정을 풀어내도 되는군요!

맞아요! 너무 긴장할 필요도 없고, 의사가 듣기 좋은 말을
해야 한다는 압박을 가지지 않아도 됩니다. 미리 내가
ADHD인 것 같다는 확신을 가질 필요도 없고, 뜻하지
않게 ADHD 진단을 받았다고 해서 당황하지 않아도
됩니다. 사실 ADHD를 갖고 있더라도 환자 본인이 사는
데 큰 불편을 못 느끼고 있다면 굳이 치료하지 않아도
된다고 생각해요. 사회적 요구와 압박에 의해서든,
자가 훈련과 학습을 통해서든 어릴 때는 두드러졌던
ADHD 증상들이 성인이 되며 자연스럽게 약화됐거나

익숙해져서 자신의 삶에 큰 문제를 일으키지 않는다면 말입니다. 본인은 아무렇지 않은데 ADHD가 있는 것 같으니 검사하고 치료해야 한다고 강요하지는 않습니다.

다만 자신의 증상을 드러내지 않기 위해 지나치게 강박적으로 자신을 몰아세운다거나 에너지 소모가 많은 경우엔 치료를 하는 것이 좋습니다. 앞서 ADHD 성향이 있지만 학교에서는 강박적으로 애써서 숙제나 성적을 만회하는 여자아이들 이야기를 했는데, 소위 이런 'K-장녀 스타일' 환자들의 경우 본인 스스로 교정하려는 노력을 하고 있다는 것 자체를 인지하지 못하는 경우가 있습니다. 힘들다, 그런데 왜 힘든지 모르겠다. 이런 환자분들을 잘 관찰해보면 본인에게 부여된 역할과 의무를 수행하고자 무의식적으로 자신의 증상을 열심히 억누르고 교정하려는 통에 계속해서 에너지가 새어나갔던 거라는 사실이 드러납니다. 그럴 때는 환자의 삶의 질 개선을 위해 조심스레 치료를 권하기도 합니다.

환자 자신의 문제의식, 자기 진술이 중요하다고 하셨는데요, 같은 증상을 경험해도 어떤 사람은 '남들도 다 이 정도 산만함은 있지 않나?' 하면서 증상으로 여기지 않고, 어떤 사람은 '나는 너무 산만하고 집중력이 떨어져. 뭔가 병이 있는 거야!' 하면서 불안해하는 것 같아요.

○

어린아이들은 자기의 ADHD 증상을 축소해서 이야기하는 경우도 있다고 해요. 이에 비해 성인은 자신의 증상을 비교적 솔직하게 털어놓기 때문에 자기 보고 검사가 꽤 의미 있고 유용하게 쓰입니다. 진료 시에도 좀 더 솔직한 대화가 가능한 것이 성인이고요. 만약 본인이 너무 완벽한 기준을 두고 정상 범주인 본인의 주의집중력이 낮다고 하는 경우라면 검사와 자세한 상담을 통해 가려낼 수 있을 거예요.

사실 의사들도 각자의 마음속에 어느 정도의 정규 분포 그래프가 자리하고 있습니다. 그동안의 임상 경험과 상담 사례를 통해 전문가로서 일정 수준의 진단과 평가의 기준을 갖고 있지요. 그러니 '이건 증상이 아닐 거야', '이 정도는 누구나 그렇지 않나?', '내가 오버하는 건 아닐까?' 같은 생각으로 미리 두려워하지 않아도 됩니다. 나를 힘들게 하는 부분들, 어려움이 느껴지는 일들, 불편하고 신경 쓰인다 생각되는 것들을 솔직하고 자연스럽게 이야기하세요. 어떤 것이 진단에 유의미한 진술이고 아닌지를 판단하는 건 의사의 몫이니까요. 만약 그래도 걱정이 앞서고 어떤 것을 취사선택해서 말해야 할지 고민이 되신다면, 그 고민까지 이야기하세요. 이런 고민을 말하고 듣는 과정에서 주치의는 '불안이 높은 분이구나, 자신에게 가혹한 경향이 있구나' 하며 당신의 스트레스 대처 방식, 마음의 체력 등을 파악하고 당신을 더 깊이 이해하게 됩니다. '의사에게 무슨 말을 해야 할지 고민한다'는 것 자체가 환자의 정서적 패턴을 파악할 수 있는 중요한 정보랍니다. 당연히 진단과 치료에 도움이 되겠지요. 만약 여러분 앞에 있는 선생님에게

자신의 상태를 진술하는 것이 너무 어렵게 느껴지거나
불편하다면, 앞에서 이야기했듯이 다른 병원에 가보셔도
괜찮습니다. 의사에게 나의 이야기를 털어놓을 때
편안하고 안전하게 느낄 수 있어야 한다는 것이 진료를
받을 때 가장 중요하니까요.

ADHD 환자의 이야기 2

환자 Y

저는 사실 ADHD가 뭔지도 잘 몰랐어요. 미국 드라마 같은 데서 '우리
아이가 문제가 있다'는 얘기를 할 때 꼭 에이에이치 뭐라고 하던데…
정도의 기억? 그런 걸 볼 때마다 막연히 미국은 참 어린애들도
정신병이 많나 보다 생각했어요. 근데 최근에 성인 ADHD에 대한
얘기들도 많이 나오고 책도 많아지고 하니까 관심을 갖고 살펴보기
시작했거든요. 그랬더니 어떤 부분에서는 '완전히 나잖아!' 싶고 어떤
부분에서는 '음… 아닌가?' 싶어서 혼란스럽더라고요.

그러다가 마음 상태가 많이 안 좋아져서 병원을 찾게 되었는데 이참에

159

거슬리는 거 다 해치워버려야겠다 싶었어요. 그때 일에 제대로 집중을 못하고 일정 관리가 너무 안 돼서 모든 게 엉망진창이었거든요. 제가 ADHD가 아닌가 싶다고 했더니 선생님이 어릴 때 어땠는지 물어본 뒤에, "물건을 자주 잃어버리세요?" 질문하시는데 제가 사실 그렇진 않거든요. "실수를 자주 하세요?" 하시는데 그것도 해당이 안 되는 것 같았어요. 선생님이 고개를 갸우뚱하며 시간 관리가 심하게 안되는 건 의심해볼 만한데 다른 부분을 좀 더 지켜보자고 하셨어요.

그러다 긴 상담 끝에 어찌저찌 콘서타를 먹게 됐는데 세상에, 완전 다른 세계가 열렸어요. 시간 관리나 아침에 일어나는 것, 집중력이 좋아진 것뿐만 아니라 전에는 인지하지도 못했던 증상들이 그제야 보이기 시작하더라고요. 물건을 잃어버리지 않고 자주 실수하지 않는 건 내가 남들보다 그럴 가능성이 높다는 걸 아니까 강박적으로 스스로 교정하고 있었던 거더라고요. 정리 정돈을 잘 못했던 것도 결국 '정리해야지' 하는 마음은 있지만 실행 기능이 떨어져서였다는 걸 알게 됐어요. 그러니까 약을 먹으면서 증상이 개선되는 것뿐만 아니라 나 자신이 좀 더 선명하게 보였어요. 깜빡깜빡하는 15년 된 모니터로 나를 들여다보다가 갑자기 해상도가 겁나 높은 레티나 디스플레이 모니터로 본다고 생각해보세요. 모자이크처럼 흩어진 픽셀들을 어떻게든 끌어모아 나의 실체를, 나의 형상을 알아보려 안간힘을 썼는데, 이제는 그냥 봐도 보이는 거예요. 레티나 디스플레이에 익숙해지면 다른 모니터 못 쓴다는 말 아시죠. 전 이제 다시는 구형 모니터의 시절로 돌아가지 못할 것 같아요. 저는 약을 먹으면서 예전에는 뚜렷하게 인식하지 못했던 것들이 증상이었다는 걸 알게 돼서 속이 시원했어요.

Ahn's Comment: 맞아요 맞아! 치료 초기의 느낌을 생생하게 전해주셔서 고맙습니다. 약효가 잘 나타나는 경우, 주의력결핍과 과잉행동 등 ADHD의 주요 증상이 개선되는 것과 동시에, 자신의 행동이나 건강에 대한 정보들이 주제에 맞게 좀 더 일목요연하게 머리에 들어오고 마음에 와닿는 경험을 하시는 환자분들이 있어요. 약을 먹고 변화된 본인의 컨디션, 일상, 업무 효율에 대해서 이전 상태와 비교하여 구체적으로 의사에게 설명할 수 있게 된 것이 약의 중요한 효과인 것이지요. 자신의 일과나 몸과 마음의 상태를 적절한 간격으로 평가하고, 이를 기억하거나 기록하고, 통합해서 파악하고 대처하는 것 자체가 잘될 거예요. 아마도 주의력도 좋아지고 자신의 몸에 대한 인지와 작업 기억력 등이 모두 좀 더 잘 작동하면서 일어나는 일이 아닐까 생각합니다.

이처럼 스스로의 상태와 수행 정도를 파악하고 판단하는 것은 휴식, 인간관계, 업무, 재정, 생활환경 등 삶의 모든 측면을 잘 꾸려갈 수 있는 첫 단계가 됩니다. 이제 약으로 향상된 자신과 주변에 대한 인식을 바탕으로 하여 이를 반영한 적절한 업무, 휴식, 관계의 계획을 세우고 실천해가는 연습을 해보면 좋겠어요. 좀 자신이 없다고요? 그동안 증상으로 인해 인식 자체가 어려웠으니 당연히 낯설고 서툴겠지요. 약만으로는 나아지기 어려운 생활 관리에 대해 인지행동치료적 접근이 도움이 됩니다. 그 부분을 앞으로 이야기드릴게요. 도움이 되시면 좋겠어요!

환자 S

처음 ADHD 진단을 받았을 때는 정말 '범칙금 딱지'라도 받은 것 같았어요. 뭔가 낙인이 찍힌 것 같기도 하고 지난 삶을 자꾸 돌아보게 되기도 하고요. 지금으로부터 거의 10년도 더 전이니까 치료제의 효능도 떨어졌던 건지, 저에게 잘 안 맞았던 건지, 복용했을 때 무슨 박카스를 먹은 것처럼 머리가 팡! 하고 터지는 느낌이더라고요. 각성 효과가 엄청났어요. 근데 심장이 두근거리는 부작용이 너무 심해서 계속해서 복용할 수는 없었어요.

이후 수년 뒤에 다시 병원을 찾아 진단을 받고 약을 복용하기 시작했는데 부작용보다는 효과가 더 좋아졌다는 느낌을 받았어요. 저는 정말 롤러코스터를 타는 기분으로 인생을 살아왔거든요. ADHD의 마음속에는 악동이 있어요. 가끔은 내가 다중 인격인가 싶을 정도로 뭔가 속삭이는 내면의 메아리가 들려요. 이건 환청과는 좀 다른 거예요. 일종의 상상의 친구랄까. 나의 다양한 자아들이랄까. 어쩌면 혼잣말 같은 거였을지도 모르겠는데 어떤 순간에는 남의 목소리처럼 들리는 거예요.

근데 약을 먹으면서 이 모든 소리들이 완전히 음소거가 됐어요. 정말 놀랐어요. 아, 평범한 사람들은 이렇게 살고 있었구나. 저는 남들도 다 이런 내면의 소리들을 들으면서 사는 줄 알았거든요. 저는 늘 인생에서 10% 정도의 문제들이 너무 걸리적거렸고 그게 너무 답답하고 괴로웠어요. 그런데 그게 어느 정도 치워지니까 길이 뻥 뚫린 느낌이었어요. 제가 지금 30대 후반인데 지금이라도 이렇게 치울 수 있어 다행이기도 하면서 이제야 치울 수 있었다는 게 억울하기도 해요. 마치 남들은 모두 몽골 사람처럼 시력이 비상한데, 저만 눈이 뿌옇고 잘 안 보여서 가다가 자꾸만 넘어졌던 것처럼요. 남들은 활을 정말 잘 쏘는데 저는 눈이 잘 안 보이니까 평균밖에 안 된다거나, 이것만 아니면

과녁의 100점을 맞출 수 있는데 아무리 애를 써도 80점밖에 못 맞추는 그런 기분. 더 잘할 수 있었고 내가 금메달리스트가 될 수도 있었는데, 페널티가 있어서 아무리 노력해도 평타밖에 안 나오는 인생을 살아온 기분이었거든요. 그러니 남들이 봤을 때는 그렇게 두드러지게 달라진 건 아니어도, 저 스스로는 치료를 시작하고 완전히 다른 삶을 사는 느낌이었죠.

> **Ahn's Comment:** 인생에서 나의 발목을 잡는 10~20%의 문제들이 치워지는 순간, 이 ADHD라는 질환이 내 삶에 미쳐온 방식을 반추하면서 홀가분함과 안도를 느끼게 되는 분들이 많아요. 그러나 한편으로는 이를 빨리 인지하고 도움을 받을 수 있었다면 내 상황이 달라질 수도 있었다는 생각에 분노와 회한, 슬픔이 밀려올 수도 있습니다. 자연스러운 과정이겠지요. 그럴 때 지금처럼 그간의 경험과 고통스러운 감정도 털어놓는 것이 도움이 됩니다. S님, 그동안 이런 어려움 속에서도 날카로운 직관과 뛰어난 감수성, 틀에 얽매이지 않는 창의성과 관심 있는 분야에 대한 깊은 몰입을 통해 자신의 삶과 취향을 이어온 것은 정말 대단한 일임을 다시금 말씀드리고 싶어요. 강점과 약점, 그동안의 고통과 외로움, 극복 경험이 통합되면서 자기만의

색깔이 분명하지만 타인의 아픔도 공감할 수 있는 모습으로 계속

성장하고 계십니다. 자기 경계가 분명하면서도 다른 사람과

건강하게 연결되어 살아가는 S님의 삶을 응원할게요.

ADHD의 뇌에 대하여

○

ADHD인의 뇌는 어떻게 생겼는지 궁금하지 않으신가요? ADHD 뇌

연구에 대한 이야기를 조금 들려드릴게요. 학술적 설명이 난무하니

어렵게 느껴질 수도 있어요. 문과적 인간인 의심 씨는 제가 이 설명을

시작하니까 머리를 쥐어뜯으며 질색을 하시더라고요. 하지만 이과적

인간인 저는 뇌에 대한 이야기가 너무 재미있답니다! 저와 비슷한

호기심을 가진 독자분들이라면 즐겁게 읽기 바라고, 의심 씨처럼

머리가 아픈 분들은 넘겨버리셔도 괜찮습니다.

ADHD의 뇌 연구는 한창 진행 중입니다. 따라서 어떤 것도 완벽하게

다 밝혀졌다고 할 수는 없습니다만, 현재까지 밝혀진 내용들에 대해서

이야기해볼까 해요.

요즘에는 뇌의 특정 부위가 특정 기능을 수행한다고 보기보다는, 어떤 과제를 수행할 때 활성화되는 뇌의 연결된 부위들을 기능적 회로, 즉 네트워크라 보고 이를 중심으로 연구하는 추세입니다. ADHD 환자는 전전두엽의 배외측전전두피질, 안와전전두피질과 전대상피질, 기저핵, 소뇌까지 연결되는 인지 조절 네트워크의 기능이 저하되는 소견이 관찰됩니다. 특히 기저핵의 크기가 작은 것이 반복적으로 확인됩니다. 기저핵이란 뇌에서 자율 주행 장치와 같은 역할을 하는 곳인데요, 운동의 시작과 조정, 집중력, 기억력 등 인지 조절과도 관련되며 균형과 조절을 담당합니다. 이 부위가 전두엽과의 연결이 약해져있으면 일상 활동 자동화와 습관 들이기가 남보다 어려운 것이지요. 그리고 ADHD로 진단받은 분들의 대뇌피질은 그렇지 않은 사람들보다 얇고, 그 성숙도 길게는 3년 정도 지연되어 있다고 해요. 그런데 나이가 들면서 ADHD 증상이 줄어들면 기저핵의 크기도 정상화되고 피질도 뒤늦게 두꺼워집니다. 그래서 지금 이야기한 부위들이 ADHD와 깊은 관련이 있을 것이라 추정하고 있어요. 그리고 전전두엽 등의 인지 회로에서 주로 작용하는 신경전달물질인 도파민과 각성 노르에피네프린의 기능 저하도 ADHD와 관련이 있다고 합니다. 뭔가 점점 더 복잡해지지요? 앞서 ADHD 치료약물에 대한 설명을 보셨으니 조금은 이해가 되리라 생각합니다.

마지막으로 DMN(Default Mode Network, 디폴트 모드 네트워크) 얘기는 꼭 하고 싶은데요. DMN은 우리 뇌가 목표지향적 활동에 집중하지 않을 때 활성화되는 뇌 영역이에요. 멍하니 운전을 한다거나 창밖을 바라보고 있을 때, 샤워를 할 때 DMN이 활성화됩니다. 자신에 대한 반성을 하거나 타인과 있던 일을 회상하고, 공상을 하고 추억을 회상하고 미래를 꿈꾸기도 합니다. 마치 어린이들이 쉬는 시간이면 놀이터에 가서 그네도 타고, 모래놀이도 하고, 이리저리 뛰어다니기도 하는 것처럼. 그러다가 수업 종이 치면 아이들은 다시 구구단을 배우기 위해 교실로 돌아갑니다. 즉 놀이터인 DMN의 활성도는 약해지고 교실인 인지 조절 네트워크가 활성화되는 것이죠. 그런데 ADHD의 뇌에서는요, 인지 조절 네트워크가 활성화되어도 DMN의 활성도가 약해지지 않아서 두 가지 모드가 충돌하며 동시에 진행되기도 합니다. 현재의 과제를 수행하는 인지 조절 네트워크에 DMN이 자꾸만 끼어드는 거죠. 말하자면 교실과 놀이터 사이에 벽이 없는 거예요. 교실에 앉아있어도 자꾸 놀이터로 시선이 가니 구구단에 집중하기 어렵습니다. 참지 못하고 다시 놀이터로 가서 미끄럼틀을 타고 오고, 또 수업 조금 듣다가 모래놀이를 하게 되고요. 아예 교실로 돌아오지 못하기도 합니다. 어떤 환자분은 ADHD 약을 먹고 이 놀이터와 교실 사이에 칸막이가 생겼다고 이야기하셨답니다.

또한 DMN은 ADHD인들이 말하는 "생각이 멈추지 않아요", "생각이 꼬리에 꼬리를 물어요"라는 방황하는 마음, 마음 방랑(mind wandering) 상태와도 관련이 있다고 알려져 있습니다. 놀이터에서 한 놀이기구에 꽂히면 몇 시간이나 그것만 타는 것처럼, 과거에 있었던 일이나 자신의 부정적인 면에 대한 강박적이고 반추적인 사고가 반복 재생될 수 있는 거지요. ADHD의 뇌는 DMN에서 불규칙한 비정형성 연결성을 가지고 있다는 보고도 있습니다. DMN의 조절 장애 또는 비정상적인 활성도는 ADHD 외에도 우울증, PTSD, 알츠하이머 치매, 창의적인 발상과도 관계가 있다고 합니다.

뇌 연구가 밝혀낼 수 있는 사실들이 무궁무진할 거란 생각이 드시죠? 하고 싶은 이야기는 너무 많지만 이번에는 이쯤 하고, 더 많은 연구 결과가 쌓이면 또 소개해드리고 싶습니다. 아무래도 저 이 부분에 과집중하고 있는 것 같네요.

ADHD,
환자와
사회

질병이 아니라
개성으로
봐주겠니

ADHD는 타인이나 환경과의 관계성이 강한 질병이라는 생각이 들어요. 신체적인 질병과 비교하면 정신적인 질병이 아무래도 그런 면이 좀 있지만, 특히 ADHD는 나만의 문제라기보다는 사람들과 촘촘하게 얽혀있는 질병이 아닐까 싶어요.

○

맞아요. 하버드 의과대학 교수로 정신의학, 의료인류학 분야 권위자인 아서 클라인먼은《우리의 아픔엔 서사가 있다》라는 책에서 질병과 질환이라는 개념을 이야기합니다. 공식적으로 통용되는 개념은 아니고 클라인먼 박사가 이 책에서 사용한 용어인데, 질환이 좀 더 생물학적이고 이론적인, 기술적 관찰에 의한 개념이라면, 질병은 좀 더 사회적인 개념에 가깝다는 겁니다. 그러니까 질환은 "환자의 신체 기능 장애나 생물학적 변화"만을 일컫는다면, 질병은 "질환과 함께

173

살아가는 경험이자 환자와 그 가족, 더 넓게는 사회가 환자의 증상과 장애를 어떻게 인지하며, 어떻게 이에 대응하며 살아가는지"까지 포괄하는 개념이지요.

이 관점에서 볼 때, 저는 ADHD가 질환보다는 질병이라는 개념으로 설명되는 부분이 많다고 생각해요. 옛날에는 현저하게 적응력이 떨어지거나 업무에 심각한 문제가 있는 게 아니라면 어느 정도 주의력이 떨어져도 그리 큰 문제가 아니었습니다. 우리가 어릴 때는 극장에 갈 때 예약을 하지 않았잖아요. 그런데 지금은 영화를 보려면 예매를 해야 하고 유명한 식당이라도 갈라 치면 몇 달 전부터 예약해야 하죠. 인기 있는 공연을 보려면 0.5초 단위로 클릭을 하며 티켓팅을 하지 않으면 좌석을 잡을 수 없고요. 미리미리 계획하지 않으면 원하는 걸 얻을 수가 없어진 것입니다.

안 그래도 주의를 뺏기기 쉬운데 스마트폰, 유튜브, SNS 같은 방해물이 너무 많아지니까 마감에 맞추어 과제를 진행하거나 업무를 수행하는 것도 힘들어지는 거죠. 게다가 이 와중에 중요한 메일도 확인하고 인터넷으로 생필품도 사고 주식도 팔아야 하는 등

멀티태스킹도 잘 해내야 합니다. 그렇지 않으면 삶이 힘들어지니까요. 한마디로 ADHD 증상이 예전보다 훨씬 큰 '흠'이 되어버렸습니다.

질병으로서의 ADHD를 바라봤을 때, ADHD는 '질환'으로만 설명되기 어려운 복잡하고 다양한 사회적 관계와 맥락 속에 자리합니다. 증상 자체가 사회적 맥락에서 '상대적으로' 문제시되는 경우가 너무 많잖아요. 스스로 ADHD라는 질환을 어떻게 받아들일지, 주변 사람들에게 이 질환에 대해 어떻게 공개하고 어떻게 이해시킬지, 앞으로 내가 ADHD를 어떻게 관리해나갈지에 대한 고민이 많이 필요하죠. 이 과정 전체가 일종의 질병 경험이라고 생각해요. 그러니 ADHD 환자들에게는 자신뿐만 아니라 그를 둘러싼 여러 환경적 요인과 관계들이 무척 중요하다고 할 수 있겠지요.

환경적 요인들이 '관계'라는 영역에 지대한 영향을 미칠 테니 ADHD인들에게는 인간관계가 가장 어려운 숙제가 되는 거군요.

그렇죠. ADHD인들은 어릴 때부터 내가 남들과 다르다는 느낌을 많이 받으며 자랍니다. 산만함과 충동성 때문에 많은 피드백을 받으니 '나는 남들과 다른 방식으로 생각하고 행동하는 것 같아', '나는 이 집단에 잘 맞지 않아', '나는 나와 상황을 잘 통제할 수 없어'라고 생각하며 수치심과 소외감을 자주 느끼게 됩니다. 그리고 감정을 예측하고 조절하는 것이 쉽지 않다 보니 타인과의 관계에서 강렬하고 낯선 감정을 경험하며 사회생활이 힘들어지기도 합니다.

앞에서 말했듯이 ADHD인들은 세상이나 주변 사람들과 사회적인, 그리고 시간적인 싱크를 맞추는 일이 참 어렵거든요. 특히 학교나 회사, 공동 주거 시설 등에서와 같은 단체생활에서 적응하는 것이 쉽지 않아요. 전반적인 분위기를 파악하기 어렵고, 룰을 지키는 것도 힘들고, 적절한 소통도 어려워서 그 조직에 수용되고 자기 몫을 해나가는 것이 힘든 미션이 되는 것이죠. 이런 어려움에 대해 이해를 구하고 도움도 요청해야 하는데, 그동안 워낙 위축되어 왔다 보니 적절한 타이밍에 적절한 말을 꺼내기가 어렵습니다. 그리고 요즘처럼 '얄짤없는' 분위기에서는 다른 사람들도 ADHD 증상 자체를 엄청난 결함으로 본다거나, 마치 본인의 게으름이나 실수에 대한 핑곗거리로 쓴다는 식으로 색안경을 쓸 수가 있습니다. 그러나! 이런 분위기는 ADHD인과 그 주변인들 모두에게 손해가 될 뿐이에요.

ADHD에 대해 들여다볼수록 사회를 계속 돌아보게 되는 것 같아요. ADHD가 현대사회에서 특히 문제시되는 측면이 있기 때문에 우리 사회가 달라진다면 환자의 질병 경험도

바꿀 수 있지 않을까 하는 기대를
품어보게 돼요.

한 가지 질문을 던져보고 싶습니다. 그 누구에게도 크게 의지하지 않고, 자신의 능력을 충분히 발휘해서 풀타임으로 일할 수 있는 기간이 우리 인생에 얼마나 될까요? 40년? 30년? 그마저도 되지 않을 겁니다. 우리는 살면서 아프기도 하고 수술도 합니다. 개인적으로 힘들어서 직장을 그만두고 쉬기도 합니다. 출산, 육아 또는 간병의 시간이 도래할 수도 있습니다. 만성질환으로 병가를 반복해서 내거나, 파트타임으로 일해야 할 수도 있습니다. 이런 것들을 고려하면 사실 우리가 온전히 스스로를 돌보며 최대의 출력으로 일할 수 있는 기간은 고작 10~20년 정도일 수도 있어요.

돌봄과 관계에 대해 고찰한 매들린 번팅의《사랑의 노동》이라는 책에서 "우리의 삶은 의존에서 시작하고 의존으로 끝난다"라는 이야기를 합니다. 어쩌면 우리가

"자율적이고 독립적인 존재로서의 자아 개념에 너무 많은 중요성을 부여한" 것은 아닌지 되묻습니다. 이 책은 신자유주의가 득세하고 각자도생이 시대정신이 된 요즘, "독립성은 문화적으로 높이 평가되는 목표가 되었고 독립성의 부재는 경멸을 산다"고 묘사합니다. 일반의인 조녀선 톰린슨은 자신의 블로그에 "우리 사회에서 의존성이 '더러운 단어'가 되었다"고 쓰기도 했습니다.

ADHD 역시 이러한 독립성의 압박에서 자유롭지 못하다는 생각이 듭니다. 물론 ADHD인이 아동이나 노인, 심한 질병에 걸린 사람처럼 전적으로 도움이 필요한 대상은 아니지만, 그들은 가족과 사회의 배려와 관용이 꼭 필요한 존재입니다. 환자 본인이 아무리 노력을 해도 개선이나 교정이 불가능한 부분이 분명히 있기 때문이에요. 그렇다면 그것은 증상이라기보다는 하나의 개성이 될 수 있지 않을까요. 인간성의 기본은 사실 어떤 취약함이나 정형화되지 않는 부분에 있는 거잖아요.

잊을 만하면 떠오르는 이슈, '노키즈존'에 대해 생각해봅시다. 노키즈존 이슈의 핵심은 결국 누군가를 성가시게 하고 시간을 축내고 에너지를 소모하게 만드는 대상을 제외시키는 문화가 아닐까 합니다. 아이들은 당연히 성인에 비해 부족하고 때론 통제되지 않는 면이 있어요. 하지만 아이들도 노력합니다. 공공장소에서 하면 안 되는 행동들을 학습기도 하고 주변의 분위기를 파악하며 무의식중에 행동을 교정하기도 해요. 그것이 비록 어른들의 기준에서 완전하진 않더라도 어린아이이기 때문에 그럴 수밖에 없다는 점을 수용하지 않는 게 노키즈존의 문제라고 생각합니다.

아이들이 좀 뛰어다니고 시끄럽게 하고 산만하게 돌아다니면 업주 입장에서 주의를 줄 수도 있고 부모에게 자제 요청을 할 수도 있어요. 그런데 그럴 필요성을 못 느끼는 거예요. 그냥 아이들을 못 들어오게 하면 되니까요.

맞아요, 그냥 차단해버리는 거죠. 굳이 아이들을 통제하고 갈등을 감수하는 것보다 아이가 없는 손님만 받으면

되는 거죠. 업장마다 저마다의 사정은 있겠지만 노키즈존이 점점 늘어간다는 건 우리 사회의 관용이 점점 더 사라지고 있다는 반증인 거 같아요.

손절, 차단, 소외. 우리는 이런 것들에 너무 익숙해지고 있어요. ADHD인들이 매번 지각하고 실수하고 산만한데 우리가 왜 굳이 맞춰줘야 하지? 만약 이런 생각이 극단으로 간다면 'ADHD 환자를 채용하지 않으면 된다'까지 흘러가지 않겠어요? 기업의 입장에서 ADHD가 있는 인력은 정확성과 생산성이 떨어지니까 '가성비'가 떨어지거든요.

효율을 좇는 인류가 이토록 빠르게 '효율적으로' 지구를 망쳐놓았음에도 우리는 여전히 파괴의 속도를 늦추지 않고 있어요. ADHD 환자들은 그 속도를 늦추고 있는 사람들일 수도 있는데 말이죠. 사회는 그들 하나하나의 가치와 개성을 존중하지 않으려 하고 다원화 자체를 불편해합니다. "짜장면으로 통일해", "비건은 무슨 비건이야" 같은 사고방식도 같은 맥락이라고 생각해요.

우리 사회가 조금은 다르고, 조금은 거슬리고, 조금은 불편한 사람들이 우리에게 주는 낯선 경험들을 밀어내고 있다는 것이 개인적으로 정말 안타깝습니다. 누구도 완벽할 수는 없는데 뭐든 조금이라도 '하자'가 있다고 밀어내버리면 결국 모두가 밀려나고 아무도 행복해질 수 없잖아요. 게다가 ADHD인은 결함만 있는 사람이 아니라 나름의 방식으로 생각하고 느끼며 사회와 맞지 않는 부분이 많음에도 열심히 살아온, 멋진 한 사람일 뿐인걸요. ADHD에 대해서 환자 개인의 노력에만 초점을 맞출 게 아니라, 우리 모두가 지금보다 관대한 자세를 가지고 타인을 품을 줄 아는 사회가 되도록 노력했으면 좋겠어요.

자기계발
담론과
ADHD

ADHD 약의 도움을 받은 실제 환자들의 경험담을 들으면 정말 솔깃해지긴 해요. '어떻게 약 몇 번 먹었다고 저렇게까지 사람이 달라질 수 있지?' 싶으니까 호기심도 생기고 자꾸만 그들의 성공(?) 경험에 빠져들더라고요.

가끔 '간증'에 가까운 ADHD 치료 후기를 접할 때가 있습니다. 실제로 약물 치료를 통해 삶이 달라지는 경험을 한 사람들이 많습니다. 특히 그동안 질환이라고 생각하지 못하고 '내가 원래 이렇게 생겨먹었구나' 싶어 좌절하고 있던 이들로서는 개선의 방법이 있다는 사실 자체만으로도 그야말로 광명을 찾은 셈이지요.

한때 퍼스널컬러라는 게 유행했잖아요. 특정 톤의 색깔을 얼굴에 비춰봤을 때 내게 어떤 색깔이 잘 어울리는지 찾아보는 일종의 테스트 말이에요. 자신의 퍼스널컬러를 찾으려고 시도해본 분들도 많을 텐데요,

이것저것 컬러를 대봐도 큰 변화가 없는 사람도 많지만 특정 컬러를 맞춰보면 얼굴이 화사해지고 1.5배쯤 예뻐 보이는 사람들도 있습니다.

ADHD 치료 경험담을 공유하는 사람들은 자신에게 '찰떡같이' 어울리는 퍼스널컬러를 찾은 것처럼 큰 변화를 경험한 경우가 많습니다. ADHD가 그동안의 삶에 너무 큰 영향을 끼쳐왔기 때문에 치료가 시작되면 그간 설명되지 않았던 부분들이 명쾌하게 해결되는 느낌이랄까요. 그동안 뭔가 신경 쓰이고 불편하고 마음에 안 들었던 어떤 점이 ADHD 치료로 인해 드라마틱하게 개선되는 경우, 자신에게 딱 맞는 퍼스널컬러를 찾은 것처럼 모든 것이 달라지고 이해되는 순간을 맞이하게 됩니다.

전전두엽은 일종의 운영체제라고 했잖아요. 이분들은 그동안 운영체제의 균형이 너무 안 맞았던 겁니다. 자꾸 에러가 생기고 프로그램이 충돌하고 로딩이 길어져서 시스템이 제대로 돌아가지 않아 너무 힘들었는데, 그래픽 카드 같은 어떤 부품을 하나 교체했더니 갑자기 컴퓨터가 쌩쌩 돌아가는 거예요. 이 운영체제를 방해했던 것이

ADHD였는데 이를 치료하는 약을 먹었더니 뇌가 쌩쌩 돌아가는 느낌을 받는 것이지요.

ADHD가 있어도 치료의 필요성을 느끼지 못할 만큼 무난히 지내오신 분들도 있고, 진단은 받지 못했지만 스스로 ADHD 증상에 대한 보완 기술을 마련해 적응하며 살아온 분들도 있어요. 반면 어떤 분들은 아무리 노력해도 ADHD라는 질환의 영향에서 벗어나기 어려웠기에, 이를 치료하니 삶이 완전히 달라지는 경험을 하게 됩니다. 이렇게 극적인 변화를 경험하면 이 경험을 타인과 나누고 싶지 않겠어요? "ADHD 검사를 받으세요, 진단을 받고 치료하여 광명을 찾으세요!" 충분히 이해되는 마음입니다. 그러면서도 한편으로는 이런 ADHD에 대한 이야기가 한국적인 자기계발 담론과 맞물리기 쉽다는 약간의 우려도 듭니다.

열심히 노력해서 성취를 이루자는 자기계발 담론과 ADHD 치료가 어떻게 연결되는 것일까요?

○

ADHD로 인한 어려움을 관리하기 위해서는 약물 치료 외에도 자신에게 맞게 생활습관을 고치고 대처 요령을 만들어나가는 것도 매우 중요합니다. 물건을 어디에 뒀는지 잊어버리지 않기 위해 자신만의 집 안 지도(?)를 만들고, 시간 약속을 어기지 않기 위해 일과 루틴을 만들고, 약 복용 이후의 변화나 중요한 일들을 기록하고, 투 두(to do) 리스트를 만들어 할 일을 계획하는 일들은 ADHD 증상을 보완하며 살아가기 위한 좋은 습관이 됩니다.

이런 과정들은 ADHD 증상에 대한 행동치료적 접근이기도 합니다. 스스로의 약점을 수용하되 일상에 지장이 되는 부분은 작은 목표를 가지고 바꿔가는 것이지요. 그리고 다음번 계획을 세울 때 그동안의 변화는 어땠는지, 새로 익힌 기술은 무엇인지, 전보다 시간 관리와 과제 완수가 잘되고 있는지에 대해 평가하고 셀프 피드백을 합니다.

요즘에는 성인 ADHD 치료 중인 많은 분들이 이

과정에서 얻은 노하우나 깨닫게 된 점, 성과와 변화를 블로그나 SNS에 공유합니다. 치료 경험과 변화 과정을 주위 사람들과 나누는 것은 멋진 행위입니다. 스스로에게도 동기부여가 되고, 다른 환자들에게도 좋아질 수 있다는 희망과 함께 구체적인 예시도 보여줄 수 있지요.

다만 걱정이 되는 점은 요즘 같은 신자유주의적 자기계발 문화에서는 이러한 좋은 취지가 왜곡될 여지가 있다는 것이에요. 자기계발 담론에서는 당사자가 겪어온 어려움을 모두 개인 내부의 문제나 노력 부족으로 돌리려는 경향이 있습니다. 또한 성공에 대해 아는 것을 '변화'라 하고 자신을 변화하기 전과 후로 나눈 뒤, 변화 이후를 성공에 대해 아는 '계몽된 자'로 인식하기도 합니다. 이런 분위기에 휩싸여 살아가는 우리에겐 ADHD 진단과 치료의 '비포/애프터'가 마치 '좋은 삶'과 '나쁜 삶'의 대치처럼 여겨질 수 있습니다.

물론 ADHD로 일상에 불편을 겪고 힘든 시간을 보낸 환자들의 삶이 조금이나마 개선되고 편안해지는 과정은 큰 의미가 있습니다. 하지만 ADHD 치료 이전의 삶은

'이번 생은 망했어'이고 치료 이후의 삶만이 '갓생'은 아니라는 겁니다. 이전의 나의 삶도 나의 삶이고 변화된 새로운 삶 역시 나의 삶이잖아요. 치료 이후 일상이 달라졌다고 해서 나의 정체성이나 유전자가 바뀌는 것도 아닙니다. ADHD를 진단받고 치료하기 이전의 삶은 다만 몸이 뜻대로 움직이지 않았을 뿐, 애초에 내가 갖고 있던 가치관이나 능력, 기질, 성격이 바뀐 것은 아닙니다. ADHD라는 것을 몰랐을 때는 생각이나 의지가 없다가, 약을 복용하고 갑자기 없던 의욕이 샘솟고 새로운 능력이 생기는 것도 아닙니다. 오히려 하고 싶은 것도 많았고 때론 하고 싶지 않았던 것도 많았지만 머릿속에서 구조화가 잘 되지 않는 등 실행 기능이 다소 떨어져 있었을 뿐입니다.

약을 복용해 효과가 나타나면 따로 놀고 있던 몸과 마음이 어느 정도 동기화됩니다. 그러니 삶의 질이 훨씬 좋아진다고 느끼는 것이고요. 치료로 인한 이러한 변화는 환영할 만한 기쁜 일입니다.

다만 이런 변화를 경험하는 것이 자기계발적 압박감으로 작용하지 않을까 염려가 됩니다. 여러 연구에서 ADHD인의 뇌는 반복된 노력을 습관으로 만드는 힘이 일반적인 뇌보다 약해 훨씬 더 꾸준히 노력해야 습관이 형성된다고 합니다. 그런데 설상가상으로 지루함이나 반복을 유독 견디지 못하고 새로운 것에만 흥미가 쏠리기에, 연습이나 훈련을 꾸준히 해나가는 것이 쉽지 않습니다. 이 두 가지 특성의 환장할 콜라보 덕에 ADHD인들은 증상 관리를 위한 일상생활 훈련을 지속하기 어려워서 포기하고 다시 시작하기를 반복하거나, 목표치를 현실적으로 계속 조정해가야 할 가능성이 크거든요. 이럴 때 '자신과의 싸움에서 이겨 날마다 나아지며 목표를 이루어야 한다'는 자기계발적 압박감이 너무 심해지면 오히려 자신을 미워하게 되고 불안이나 스트레스에 시달릴 수 있어요.

또 한 가지 우려는 그동안 뒤처졌던 것을 따라잡겠다는 조바심이 커져 단시간에 엄청난 양의 일을 해내려고 무리하는 것입니다. 전에는 안 되던 것들이 되기 시작하고, 하기 힘들었던 것들이 수월하게 진행되니까요. 하지만 약은 내가 생활하고 일하는 에너지를 내주는 배터리의 기능을 효율화하는 것이지, 없는 배터리의 용량을 만들어주는 게 아닙니다. 자꾸만 미래의 배터리 용량을 끌어다 쓰면 이제는 약을 먹고 또 먹어도 더 이상 끌어다 쓸 게 남아나질 않아요. 배터리는 이미 방전되어서 용량이 0%에 도달해버렸으니까요. 컨디션을 고려하지 않은 무리한 노력은 성취보다 번아웃을 먼저 불러올 수도 있습니다.

과거 고도 경제 성장기에 '타이밍'이라는 각성제를 먹고 미싱을 돌리던 공장노동자를 떠올려보세요. 더 많은 일을 시키고 더 높은 생산성을 끌어올리기 위해 일부 업주들은 아직 성인도 되지 않은 여성 노동자들에게 각성제를 먹이며 일을 시켰습니다. 1차 세계대전 때는 독일군에게 마약성 약물인 암페타민을 먹여서 엄청난 속도로 행군시켜 전투에서 승리했다고 하죠.

미국 드라마에서도 그런 장면을 본 적이 있어요. 주인공이 응급의학과 의사인데 항상 깨어있고 싶어서 '애더럴'을 계속 집어먹다가 중독되어서

결국 재활원까지 가더라고요.
애더럴도 암페타민 성분의 각성제
맞죠?

네, 한국에서는 의존 위험 등의 이유로 처방하지 않는
약물이에요. 하지만 콘서타, 메디키넷 등 한국에서도
널리 쓰이는 ADHD 처방 약도 기본적으로 자극제이기
때문에 복용하면 갑자기 효율이 팍 오른다는 느낌을
받을 수 있습니다. 그래서 약을 먹으면 내가 더 능력 있는
사람이 되는 것 같고, 불가능한 일도 해낼 수 있을 것
같은 기분에 사로잡힐 수 있습니다. 자기계발 담론처럼
흘러가는 ADHD 치료 경험담을 경계해야 하는 이유가
바로 이것입니다. 지나치게 이전의 삶을 부정하고 개선의
욕구가 강하면 인생이 도식화될 수 있습니다. '변화
이전의 나는 루저, 변화된 내가 진짜 나'라는 생각에
갇히면 오히려 혼란에 빠질 수도 있어요. ADHD가 한
사람의 삶의 궤적에 큰 영향을 주는 것은 사실이지만,

ADHD가 그 사람의 정체성 그 자체는 아닙니다. 인생은
우리 생각보다 훨씬 복잡하니까요.

마음 놓고
산만하지도
못한
K-장녀

그간 ADHD여도 진단받지 못한
사람들이 많잖아요. 얼마 전에
《나는 오늘 나에게 ADHD라는
이름을 주었다》라는 책을 읽었는데
여성혐오적이고 차별적인 환경
때문에 ADHD 진단에서 배제되어온
소녀들에 대한 통찰과 분석이 무척
인상적이었어요.

ADHD는 보통 주의력결핍형(AD), 과잉행동/충동형(HD),
복합형 이렇게 세 가지로 구분합니다. 여성들이 ADHD
진단을 받는 경우 사회문화적인 환경이나 양육 태도
등의 차이로 주로 주의력결핍형이 두드러진다고 볼 수
있습니다. 그렇다고 해서 여성에게 과잉행동/충동형이
없는가 하면 그것은 아닙니다. 과잉행동이 잘 드러나지
않게 만드는 조건들 때문에 가려진 경우도 많습니다.
　어디에나 여성성에 대한 사회적 압박이 있지만,

특히 한국 사회에는 예로부터 강요되는 순종적인 여성상이라는 것이 있지요. 어릴 때부터 여자아이는 얌전해야 하고, 말을 잘 들어야 하고, 깔끔해야 한다는 양육 메시지 속에서 자랍니다. 활발하거나 산만한 여자아이들이 가장 많이 듣는 말이 '여자애가 칠칠치 못하다'일 거예요. 똑같이 정신 사납고 활발한 모습에도 남자아이들에게는 '활동적이다, 적극적이다'라는 평가가 이어집니다. 비슷한 실수나 장난을 해도 여자아이들에게 더 부정적인 피드백이 돌아오니, 이들은 스스로 교정하려는 노력을 시작하게 됩니다.

성인이 되어 진단을 받은 여성 ADHD 환자들의 어린 시절을 물어보면 이런 이야기들을 많이 들려주십니다. "친구들과 있을 때는 과격하게 행동하다가도 선생님이나 부모님 앞에서는 얌전한 척 가만히 있었어요.", "수업 시간에 머릿속에는 이런저런 공상과 딴 생각만 한가득이었지만 책을 펴놓고 열심히 수업을 듣는 척 했어요. 착하고 차분한 아이라는 평을 들었죠." 이들은 어른들의 기대를 저버리지 않으려고 하고, 그 집단에 속하기 위해 많은 노력을 합니다. 선생님을 실망시킬까 봐 벼락치기라도 해서 성적을 유지하고, 과잉행동이 강하더라도 부모님에게 야단맞을까 봐 엄청 조심하면서 놀다 보니 크게 다치지도 않아요. 그러니 본인도 주변도 그다지 문제의식을 갖지 못합니다.

이러한 의식적 노력을 반복하면서 성인이 되면, ADHD로 인한 문제와 어려움들을 더 노련하게 감출 수 있게 됩니다. 언뜻 보면 여전히 차분하고 사회생활 잘하는 것처럼 보이겠죠. 문제 일으키지 않는 여학생으로 보이던 어린 시절처럼요. 그러나 문제들은 사라진 것이 아닙니다. 학습된 행동과 양육자의 기대, 사회적 요구 등에 의해 수면 아래로 가라앉은 것뿐이지요.

이런 '조용한 ADHD'들은 자신을 '조용하게' 만드는 데에 에너지가 너무 많이 소모됩니다. 그리고 여전히 개선되지 않은 실행 기능 저하와 감정 조절의 어려움이 이들의 삶을 어지럽게 휘젓습니다. 최근 들어 ADHD에 대한 정보가 널리 알려지면서 '혹시 나도?'라는 궁금증을 갖게 된 것이지, 불과 10여 년 전만 해도 그런 의심조차 해보지 못한 경우가 허다했습니다. 이는 진료 현장에서도 마찬가지였고요.

그렇다면 ADHD에 대한 열풍에 가까운 관심이 긍정적인 측면이 있겠네요. 병에 대한 기초 정보 자체가 없으면 스스로 병원을 찾기도 어려우니까요.

○

네, '기승전ADHD'도 경계해야겠지만, 성인 ADHD라는 질환에 대한 정보가 정확하게 널리 알려지는 것은 진단과 치료가 필요한 분들에게 분명 도움이 되리라 생각해요. 정신과 질환 대부분이 그러하듯이 진단에 가장 중요한 것은 자기 평가와 진술이거든요. 결국 환자 본인이 어떤 증상이 있고 어려움이 있다는 자각이 있어야 자신의 상태에 대해 진술할 수 있고, 그 진술을 바탕으로 의학적 판단을 내리는 것이니까요. 많은 정신과 질환은 생물학적 표지(biomarker)가 없습니다. 우울증이나 ADHD에서만 혈액 검사의 특정 수치가 상승되었다든가 하는 지표가 있는 것이 아니기 때문에, 이를 근거로 우울증이나 ADHD를 진단할 수는 없다는 뜻이죠.

뇌파 검사라든지 MRI 같은 검사로는
진단할 수가 없나요?

정량적 뇌파 검사(QEEG: Quantitative Electroencephalography)
라는 검사가 진단에 참고가 되기도 합니다. 뇌의 전기적
신호를 통해 뇌의 활동을 측정, 분석하여 뇌 기능 상태를
확인하는 검사입니다. 우울이나 불안 등의 질환에
대해서도 일부 정보를 얻을 수 있고 ADHD의 특징적인
양상들이 나타나는 경우도 있습니다.

정신과 진단을 내릴 때에는 이 질환 때문에 환자가
업무, 학습, 사회적 관계 등에서 얼마나 어려움을
느끼는지가 매우 중요합니다. 우선 환자 본인이 불편함을
자각하면 자신의 상태를 진술하면서 의사의 문진과
관찰이 진행되고, 필요하다면 참고 지표로 삼을 수
있는 자기 보고 검사와 그 외의 다양한 검사들을 시행해
통합적으로 판단하는 것이 정신과 질환 진단의 기본
과정입니다. 그러니 환자가 병에 대한 정보를 아는 것은

중요합니다. 그래야 증상을 인식할 수 있으니까요.

증상이 너무나 명백하게 드러난다면 본인의 진술이 상세하지 않아도 바로 판단할 수 있습니다. 특히 우울증의 경우 중증으로 진행된 다음에 병원을 찾는 경우도 많고, 본인의 감정 상태를 표현하면 신속하게 처방을 하거나 입원을 권할 수 있습니다. 하지만 ADHD의 경우 환자 본인이 문제의식을 갖고 있지 않으면 진단을 내리기가 몹시 어렵습니다.

'K-장녀'라는 말을 많이 하잖아요. 의젓해야 하고, 힘든 내색을 해서는 안 되고, 부모의 양육을 보조하고, 부모를 실망시켜서는 안 되는, 소위 살림 밑천이라는 '한국의 큰딸'이요. 앞서 여성들은 성 역할 특성상 학교와 사회에서 정리정돈과 자기관리에 대해 더 높은 기준을 요구받는다는 얘길 했는데요, K-장녀는 이에 더해 가정에서도 어마어마한 책임과 역할을 부여받게 됩니다. 장녀 또는 장녀가 아니어도 이런 역할을 부여받은 자녀는 부모의 어려움을 이해하고, 부모의 마음을 위로하고, 부모의 책임도 일부 나누어 지게 되지요. 아이인데도 자원을 가늠해 절약하고, 미래의 위험이나 필요를 고려하고, 타인의 마음을 공감하는 어른의 실행 기능마저 요구받게 될 수 있습니다. 이런 상황에서 부모를 걱정시킬 만한 고민이나 어려움을 어떻게 솔직히 털어놓을 수 있겠어요.

게다가 K-장녀로서 요구에 부합하지 못하면 더 큰 비난이 이어지기 때문에 스스로 무리하게 과교정하려는 시도를 하기도 하지요. 이는 강박적 태도로 이어지기도 합니다. "나는 방심하면 실수를 하니 정신 바짝 차리고 절대 실수하지 말아야지"라며 애쓰다 보니 확인하고 또 확인하는 습관을 갖게 되는 것입니다. 진료실에서 이런 K-장녀 환자들을 종종 마주합니다. 보통은 불안장애나 우울증 때문에 병원을 찾는데, 상담을 이어가며 자세히 관찰해보면 근본적인 원인이 ADHD에 있는 것은 아닐까 의심되는 경우가 있어요. 이런 경우 진단에 다다르기도 정말 쉽지 않습니다. 이분들은 어릴 때부터 단련된 책임감과 배려, 각고의 노력으로 본인의 증상을 여간해서는 드러내지 않거든요.

맞아요, 제 주변에서도 장녀 스타일 친구들은 항상 든든하고 의젓해 보이고 가끔은 완벽해 보이기까지 해요. 그래서 그 친구들은 사는 데 별다른 어려움이 없는 것처럼 느껴질 때가 있어요.

그렇죠, 이분들은 진료실에서도 그런 면모를 보일 때가 많아요. 온갖 알람을 다 써서 진료 시간에 늦지 않기 위해 훨씬 일찍 와서 기다리고, 진료실에서도 주치의의 말을 끊거나 다른 이야기를 하지 않습니다(설령 말을 끊고 싶은 충동이 들어도 꾹 참으십니다!). 업무 예열하는 데 시간이 너무 오래 걸리니까 한번 발동이 걸리면 쉬지도 않고 계속 일을 해버리기도 하고, 일에 에너지를 다 써버렸으니 집안일은 아예 손도 대지 못하기도 하고요. 그러면서 진료실에서는 집 청소를 안 한 자신이 게으르다고 진술하니까 ADHD를 진단하기가 너무 어려워지는 것이지요. 하지만 이분들의 이야기를 잘 들어보면 남들과 관련된 일은 잘 수행하지만 본인을 위한 일은 시작하기 어려워 미뤄둔다거나, 업무 예열이 어려운 게 머릿속에 잡생각이 많아서라거나, 터무니없는 실수를 할 때가 있는 등 잔잔하게 ADHD의 특성이 보입니다. ADHD라는 질환이 있다는 걸 모르니 몸과 마음이 뜻대로 되지 않는 '대환장'의 상태와 장녀로서의 책임과 의무 속에서 몹시 혼란스럽고 고통스러운 시간을 보내왔다는 걸 점차 알게 되는 것이죠.

걱정을 끼치기 싫어 본인의 어려움을 숨겨오던 K-장녀들에게는 본인의 고통과 보상 행동을 이해하고 ADHD를 진단하는 과정 자체가 중요한 치료 단계라고 봅니다. 이런 시간을 거치고 나면 환자는 외롭고 소진되었던 지난 세월을 돌아보며 "K-장녀라서, 마음 놓고 산만할 수도 없었다"는 사실을 깨닫게 됩니다. 저는 이렇게 K-장녀 혹은 K-장녀스러움을 요구받아온 분들을 만날 때마다 마음 한구석이 아려오는데요. 이제라도 마음껏 하소연하고 엄살도 피우고 요구도 하며 찬찬히 회복해가시도록 돕고 싶은 마음이 커진답니다.

ADHD라서
그랬네
VS.
내가 ADHD라니

사람은 누구나 못난 부분이 있고 완벽하지 않은 존재라는 걸 알고 있으면서도 자신의 구멍을 들키고 싶지 않은 마음이 있잖아요. 근데 이 구멍을 도저히 들키지 않을 수가 없단 말이죠. 이런 나의 상태를 명쾌하게 설명해주는 언어가 ADHD라면 그것만으로도 위안이 되지 않을까 싶기도 해요.

○

아주 자연스러운 고민입니다. 우리는 모두 개인으로서도 존재하지만 사회 안에서 나의 위치와 역할이라는 게 있지요. ADHD가 있다는 것을 몰랐을 때, 누군가 나를 '게으른 사람'으로 평가하면 어떤 면에서 조금 억울하고 답답한 기분이 들 때가 있습니다. 게으르다고 평가할 만한 근거가 없지는 않지만 나는 그냥 단순히 게을러서 이러는 게 아닌데, 뭔가 설명을 하고 싶은데 그게 뭔지 스스로도 잘 모르겠으니까요. 어떻게든 해명을 해보려

205

할수록 남들에겐 핑계처럼 비춰질 것 같고 그러다가 결국
"아, 역시 내가 문제구나, 더 열심히 노력하고 열심히
살아야지, 하면 잘할 수 있는데 안 해서 그래, 더 잘하자"
하면서 스스로를 더 다그치게 됩니다.

ADHD 환자가 자신에게 특히 불리한 환경에 놓인
경우라면, 이러한 자기 비난과 자괴감은 더 커집니다.
극도의 꼼꼼함이 필요한 사무직이라거나, 약관이 복잡한
보험 상품에 대한 문의에 응답해야 하는 상담원이라거나,
그럭저럭 수행할 수 있는 난이도지만 반복적이고 지루한
일을 하고 있는 ADHD인이라면 정말 힘들겠지요. 이렇게
외부 조건과 자신의 상태가 불화하면 평소 느끼던
부적절감과 무력감은 몇 배가 됩니다. 어떻게 해야 하고
어떤 노력을 해야 하는지는 분명 알겠는데, 꾸준히
노력하여 이를 실행하기는 어렵기 때문입니다.

남들에게는 그렇게 어렵지 않은 일이 나는 왜 안
되는지, "나는 왜 이럴까?"라는 질문에 답을 할 수 없으니
답답하고 억울하고 때론 자학을 할 수밖에 없습니다.
이처럼 마땅히 자신을 변호하고 해명할 근거를 찾지
못한 분들이 ADHD 진단을 받으면 자신의 문제가

설명될 수 있다는 사실에 안도와 기쁨을 느끼게 됩니다. 자신의 질병에 대한 일종의 '설명 모델'을 갖게 된 것이지요. 그리고 적절한 치료로 이 증상들이 좋아질 수 있다는 희망과 위안을 느끼고 치료에 전념해야겠다고 결심하기도 합니다.

그러나 치료가 '만병통치약'은 아닙니다. 약물 치료로 증상이 완화된다고 해도 그동안 형성된 조직화, 시간 관리의 어려움과 지연 행동(미루기), 낮은 자존감과 관련된 문제들은 지속되는 경우도 많습니다. 그런데 ADHD인들은 지구력이 떨어지다 보니 초반에 모든 것을 바꾸려 하거나 단시간 내에 문제를 해결하고 싶어 하기도 합니다. 얼른 생활에 변화가 일어났으면 하는 마음으로 약도 빨리 증량하길 바라며 모든 것을 다 고쳐버리려고 치료 초반에 과열되기도 하지요. 생각만큼 빠른 호전이 없으면 초조해하고 금방 좌절해버리기 때문에 주의할 필요가 있습니다. 생활의 루틴을 만들고 나쁜 습관을 보완할 대안들을 조금씩 연습하는 과정이 필요한데 이것 자체가 ADHD인들에게 쉬운 일이 아니지요.

성인 ADHD의 경우 평생을 이렇게 살아왔는데 몇 주,

몇 개월 만에 나아지기는 쉽지 않을 것입니다. 최소 몇 년 이상의 기간을 잡고, 약물 복용과 생활 습관 관리 등의 치료 계획을 세워 일상을 관리하며 치료를 이어나가는 것이 중요합니다.

반대의 경우도 있는 것 같아요. 오히려 진단을 받고 나서 절망에 빠지기도 하잖아요. 저는 그 절망이 어떤 의미의 절망인지 궁금했어요.

맞아요, 모든 ADHD 환자들이 진단을 환영하는 것은 아닙니다. 자신의 상태가 사회와 불화하고 있긴 하지만 지금껏 이렇게 살아왔고 이게 바로 자신의 삶이고 정체성이라고 생각했는데, 그것이 '질병'이라고 하니 당황스러울 수밖에 없습니다. 내가 살아온 삶이 나의 의지와 선택으로 만들어진 게 아니라 질병으로 인한 증상들로 이루어진 것이라고 생각해보세요. 너무나 갑자기 모든 것을 부정당한 느낌이 들 수 있습니다. 마치 자신의 본령을 훼손당한 것 같은 불쾌함을 느낄 수도 있지요.

'나는 주의력이 조금 떨어지지만 내가 좋아하는 것에 '덕질'을 하며 과몰입을 하는 걸 더 선호하기 때문에 그걸 선택했을 뿐인데, 내일까지 써야 하는 자기소개서보다는 지금 이 영상을 보는 게 더 즐겁기 때문에 그렇게 했을 뿐인데, 사실 내 주의력에 문제가 있는 병이 있으니 이 사회랑 싱크를 맞추고 살아야 한다.' 사람에 따라서는 정말 하늘이 무너지는 것 같은 좌절을 느끼지 않겠어요? 나의 가치 체계나 운영체제를 바꾸라는 것 같고, 내가 설령 조금 모자란 구석이 있다 해도 나는 이런 내가 마음에 드는데 앞으로는 그렇게 살면 안 된다는 메시지가 되니까요.

정신질환의 규정은 사회적 프로파간다의 영향에서 자유로울 수 없습니다. 그러니 병에 대해 개인이 느끼는 감정과 사회가 말하는 '치료적 필요'가 반드시 일치하는 것은 아닙니다. 치료적 필요를 크게 느끼지 못하는 경우라면 주치의나 상담사와 상의하면서 자신이 동의할 수 있는 치료 방향과 목표를 정해도 좋습니다.

물론 대부분의 환자들이 환영하기만 하거나 절망하기만 하는 것은 아닙니다. 처음 진단을 받으면 마음이 착잡하고 복합적인 감정에 휩싸이기 마련입니다. 이런 감정들은 지극히 자연스러우며 시간이 지나면서 안정을 찾아가게 되니 크게 염려하지 않아도 됩니다. 그리고 바로 이러한 감정을 주치의와 자세히 다루어 보면 좋겠어요.

ADHD 환자의 이야기 3

○

환자 B

이전 회사에서 사람들이랑 소통도 잘 안되고 그런 점이 너무 힘들어서

퇴사를 했어요. 이후에 이직도 하고 알바도 해보면서 어떻게

소통해야 하는지 조금씩 깨달은 것 같아요. 나름대로 저만의 방식을

찾아갔달까요. 아무래도 경험이 쌓이면서 얻는 것도 있었겠지만

ADHD인은 업무가 적절하게 구조화되고 적당한 난이도가 있을 때

일을 잘 해낼 수 있는 것 같아요. 너무 풀어져도 안 되고, 너무 빡빡해도

안 돼요. 적절한 수준으로 세팅되어 있고 할 일이 정해져 있을 때,

그러니까 회사라는 제한된 환경 안에서는 리스크에 대한 부담도 어느

정도는 감내할 수 있다는 생각이 있어요.

새로운 것은 언제나 어느 정도의 리스크를 동반하죠. 저는 새로운 것에 대한 호기심과 모험심이 꽤 있는 편이라 이런 리스크를 오히려 어느 정도 반기는 편이고 또 감당해본 경험도 많아요. 그러니까 일이 잘못됐을 때도 지나치게 전전긍긍하거나 불안해하지 않고 차분하게 중요한 결정을 내릴 수 있는 것 같아요.

저에게는 적당히 도전적인 환경, 너무 어렵지도 지루하지도 않은 환경이 필요했어요. 지금 회사가 딱 그 정도의 조건을 갖추고 있는데 이런 환경을 찾는 데에 많은 시행착오가 있었죠. 제가 ADHD 진단을 받으면서 스스로에 대한 성찰이나 분석을 많이 하게 됐어요. 그러다 보니 저에게 잘 맞는 방식, 조율이 가능한 환경, 제가 잘할 수 있는 업무 스타일과 직책을 찾았다고 생각해요. ADHD인에게는 자신에게 맞는 직업적 환경을 찾는 것도 정말 중요한 것 같아요. 내 능력을 충분히 발휘하여 회사에 기여할 수 있고, 그렇기에 나의 ADHD 특성들로 인한 자잘한 실수 또한 어느 정도 수용해줄 수 있는 직장을 찾는다면 사는 게 조금은 수월해지지 않을까 생각해요.

Ahn's Comment: 자신에게 맞는 업무 환경과 일의 강도를 적확하게 파악한 점, 자신의 강점과 약점을 회사의 입장에서 차분히 고민해본 점이 B님의 성공적인 회사 생활의 비결이군요. 처음부터 이런 능력이 있었던 것이 아니라 수많은 경험과 시행착오, 이에 대한 분석을 통해 자기만의 길을 찾은 부분에 특히 박수를 보내고 싶습니다. 그리고 본인의 ADHD에 대해 오픈을 했든 하지 않았든, 자신이 잘할 수 있는 것을 어필하고 유독 힘든 것을 설명하는 "자기 사용 설명서"를 회사 사람들과 적절하게 공유했다는 점도 대단합니다. 회사 구성원으로서의 당연한 권리로 적절한 이해와 수용을 요청하는 것, 그리고 자신이 기여할 수 있는 부분은 기꺼이 감당하고 또 지원이 필요한 부분은 확실히 요청하며 회사와 조율과 타협을 해나가는 부분을 구분한 것도 정말 좋은 노하우라고 생각합니다.

환자 S

저는 외국에서 살면 잘 맞겠다는 말을 많이 들었어요. 아무래도 제가 좋게 말하면 선입견이 없고 어디로 튈지 모르고 그러니까 그랬나 봐요. 저는 스스로를 회색분자라고 생각하는데 그게 요즘 같은 세상에서는 되게 강점이라고 느끼거든요.

근데 뭐든지 답이 이미 정해져 있는 한국 사회에서는 되게 힘든 스타일인 거예요. 대학 때 영문학을 전공했는데 교수님이 제게 미국에서 공부하면 잘 맞을 것 같다고 조언을 해주셨어요. 그래서 미국에 교환학생으로 갔는데 저랑 정말 잘 맞는 거예요. 공부가 너무 재미있었어요. 너무 재미있으니 대학원까지 가고 싶어서 알아보기 시작했죠. 근데 뭐 계속 연구를 하려면 한국에서 정해진 루트라는 게 있으니 그 단계를 따라야 한다는 거예요. 석사는 무조건 어디를 가야 하고 박사는 어디서 해야 하고 뭐 그런 '한국적 룰' 말이에요.

그걸 알게 되는 순간 갑자기 모든 게 너무나 지루해졌어요. 저는 덕질하듯이 공부를 했거든요. 학부생 주제에 공부를 하다가 재미있는 부분이 나오면 그걸 미친 듯이 파는 거예요. 혼자 도서관 가서 그 분야에 대한 책을 다 찾아보면서 공부를 하는데 말 그대로 '앎의 즐거움'을 만끽한 거죠. 점수를 잘 받으려고 그런 게 아니라 재미있으니까 했어요. '와, 이렇게 재밌는데 왜 아무도 이걸 안 좋아하지?' 하면서 수업 때마다 강의실 1열에 앉아서 눈이 반짝반짝했죠.
그랬는데 공부를 계속하려면 무슨 연줄을 만들고 어쩌고 해야 한다고 하니까 순식간에 흥미가 뚝 떨어지더라고요. 나는 그냥 재미있는 공부를 계속하고 싶을 뿐이지 어떤 목표를 향해 정해진 코스를 달리고 싶은 게 아니었거든요. 그렇게 진학을 포기하고 나니까 정말

혼란스럽더라고요. 이제 뭘 해야 하지?

Ahn's Comment: 많은 ADHD인에게는 야생마 같고,
자유분방하고, 정형화된 규칙이나 관습에 얽매이는 것을
싫어하는 기질이 있어요. S님도 그런 에너지와 개성을 갖고
계시네요. 게다가 한번 '필'을 받은 ADHD의 몰입 능력과
에너지는 엄청나기에 상당히 독특하고 재현하기 어려운
결과물이나 성취를 이루기도 합니다. 지속하기만 한다면 실제로
인정과 보상으로 이어질 가능성이 큰 상황인 거죠.
문제는, 열심히 들이파다가도 뭔가 하기 싫어지거나 관습적인
의례를 따라야 하면 흥미가 식고 맙니다. S님의 경우는 모든
것을 편견 없이 받아들이는 마음이 학문적 몰입으로 이어지기도
했지만, 반대로 부적절한 권위에 대한 반감과 저항으로도 나타난
것 같습니다. 그러다 보니 어느 순간 충동적으로 모든 것을
그만두게 되었고요. 결과적으로 자신이 만든 큰 이득과 목표를
스스로 저해하게 되는 것이지요. 물론 이때의 선택과 그간의
삶에서의 많은 불규칙한 반동들이 지금의 현명하고 자유로운
S님을 만들었을 테니 슬퍼하기만 할 필요는 없습니다.
다만 앞으로 이러한 S님의 특성을 알고, 변화를 원하더라도

자신의 이득을 야무지게 챙겨가며 연착륙할 수 있도록 조언하는

멘토나 코치 역을 곁에 둔다면 더욱 좋을 것 같습니다.

ADHD 약물치료의 역사

●

한국에 처음으로 ADHD 치료 약물이 수입된 것은 1989년입니다.

메틸페니데이트 제제인 '페니드'라는 약이 기면병과 ADHD 처방

약물로 사용 승인을 받았습니다. 이 약물이 들어오기 전에는 기면병과

ADHD에 마땅한 치료제가 없어서 진단이 활발하게 이루어지지

못했습니다. 그러다가 치료제가 도입되자 기면병을 치료하는 것은

물론 ADHD에 대한 관심도 높아졌다고 합니다.

2000년대에 들어 서방정(서서히 방출되는 정제약으로 제형에

따라 8~12시간 작용)과 오로스(캡슐 내 삼투압 작용을 이용하여

12시간 작용하도록 개발된 제약회사 얀센의 특허 기술) 제제가 사용

승인을 받았습니다. 페니드의 경우 작용 시간이 짧아 소아·청소년

환자가 하루에 여러 번 챙겨 먹기 쉽지 않았기 때문에, 서방정의 출현은 ADHD 증상 관리에 획기적인 도움이 되었어요. 다만 이때는 ADHD가 소아기 질환으로 분류되어 있었기 때문에, 이 서방제제들도 소아·청소년 환자에 한해 사용할 수 있었습니다.

그런데 소아·청소년 환자들이 성인이 되자 문제가 생겼습니다. ADHD 약물에 대한 건강보험도 만 18세까지만 보장되었으니까요. 치료해오던 소아·청소년 환자의 절반 정도는 성인이 되어도 증상이 지속되어 약물 처방을 받아야 하는데, 하루아침에 건강보험 적용에서 제외되고 약값이 높아지니 곤란을 겪게 된 것이지요.

논의와 노력 끝에 2013년, 만 18세 이전에 ADHD 진단을 받았다면 성인이 되어서도 건강보험 적용을 받을 수 있도록 제도가 개정되었습니다. 그런데 아직도 한 가지 문제가 남아있었어요. 바로 성인기에 처음 ADHD를 진단받은 분들의 약물 치료에 대한 것이었습니다. ADHD에 관한 인식이 높아지면서 뒤늦게 문제를 알게 되어 진단받는 성인들이 늘어났는데, 이분들은 건강보험 적용을 받을 수 없었던 것입니다.

이 문제는 소아 ADHD 치료에도 영향을 미쳤습니다. 소아 환자의 증상 개선에는 병원에서의 치료뿐만 아니라 부모의 협조가 필수적입니다. 질환에 대한 이해와 수용, ADHD 환자에게 맞는 생활 습관 훈련 등의 활동을 부모가 함께 해줘야 하는 것이지요. 그런데 ADHD는 유전적 요인의 영향이 있기 때문에 소아 환자의 부모도 비슷한 증상을 가진 경우가 많았습니다. 그러니 의료진과의 협업이나 적절한 양육 태도 유지에 어려움을 겪는 일이 종종 있었던 것입니다. 대부분의 부모 세대는 어릴 때 진단을 받기 어려웠기 때문에 이를 인지한 부모가 본인과 자녀를 위해 ADHD를 치료하려고 해도 건강보험이 적용되지 않았습니다.

이런 필요 속에서 2016년, 성인이 된 후 진단받은 ADHD의 약물 치료에 대해서도 건강보험 적용이 이루어졌습니다. 다만, 중추신경자극제/비중추신경자극제 중 한 가지 약물만 제한적으로 적용되었지요.

그러다가 2019년이 되어 1개월 이상 한 가지 약물을 복용해도 치료 효과가 충분하지 않을 경우, 다른 기전의 약물을 함께 사용하는 것까지 건강보험 적용 범위가 확대되었습니다. 드디어 성인 ADHD의 약물 치료도 소아에서처럼 제한 없이 가능해진 것입니다. 가령 아토목신(아토목세틴)을 처방했는데 한 달 이상 경과를 지켜봐도 효과가 없거나 부족하다고 판단되면, 콘서타(메틸페니데이트)를 함께 처방할 수 있게 된 것이지요. 이로 인해 약의 효과와 부작용 조절을 위해 다양한 약물 조합과 폭넓은 용량 처방이 가능해져서 치료 효과가 좋아지는 환자도 더 많아졌습니다.

ADHD 치료는 이렇게 연구의 확장과 약물의 발달, 제도의 개선으로 진단과 치료가 확대되면서 환자의 삶의 질이 점차 개선되는 방향으로 나아가고 있습니다. ADHD 증상 때문에 특히 힘들었던 환자들이 좀 더 빨리 진단을 받고 치료를 했다면 물론 더 좋았겠지만, 지금이라도 도움을 받을 수 있는 기회는 충분히 열려있다는 말씀을 드리고 싶습니다.

참고문헌: 《나는 왜 집중하지 못하는가》, '성인 ADHD가 우리 곁에 오기까지', 26~30쪽, 반건호 지음, 라이프앤페이지, 2022

ADHD,
고립과
공존

4

우리 조상은 ADHD였을 수도?

어떤 책에서 사냥이나 채집을 하며 살았던 시기에는 ADHD 성향을 가진 사람들이 충동적이고 호기심이 많고 주의 전환이 빠르니까 생존에 유리했을 거라고 하던데요. 그냥 '썰' 정도로 소개한 것이었지만 어쩐지 여러 생각을 하게 되더라고요.

○

네, 공식적으로 확인되고 증명된 이론은 아닙니다만, ADHD 존재에 대한 여러 '가설' 중 하나로 소개되었어요. 정말 수렵과 채집으로 생존을 이어왔던 시절부터 ADHD가 존재했다면 이들은 어떤 집단의 리더로서 추앙받는 위치에 있었을지도 모르지요. 우리는 종종 '알고 보면 ADHD였을 수도 있는 위인들'에 대한 이야기를 듣곤 하잖아요. 이미 사망한 옛사람들의 정신세계를 분석한다는 건 다소 무리한 시도지만, 사람들이 그런 이야기에 흥미를 느끼는 데는 이유가 있다는 생각도 듭니다. ADHD의 증상 가운데 하나인 과집중, 빠른 주의 전환, 위기 수용 능력 같은 것들이 인생에서 긍정적인 요인으로 작용해 세상을 바꾸는 위대한 일을 할 수도 있지 않을까 하는 희망회로(?)를 돌려보는 것이지요.

ADHD는 현대사회에서 유독 '질환'으로 문제시되는 경향이 강해졌지요. 하지만 분명 시대에 따라, 사회 변화에 따라 ADHD가 장점이 되어 개성 있는 능력으로 발휘되었을 수도 있었다고 생각해요. 실제로 충동성과 과잉행동 조절의 어려움이 있는 사람들은 위험을 두려워하지 않고 모험과 탐험을 즐기게 됩니다. 그런 사람이 과몰입 경향까지 있다면 집요하고 치열하게 빠져들어 어떤 업적을 이룰 수도 있습니다. 새로운 시도를 주저하지 않는 사람들 덕에 많은 발명과 발견들이 이루어지고 현재 우리가 그 혜택을 누리며 살아가고 있으니, 어쩌면 정말 ADHD를 가진 위인들이 우리를 구원한 것일 수도 있겠지요.

흔히 ADHD인은 대인 관계에 어려움을 겪는다고 알려졌는데, 이들이 사회생활에 어려움을 겪기만 하는 것은 아닙니다. 이들은 물건을 잘 잃어버리고 서류의 중요한 숫자를 누락하거나 약속 일자를 착각하는 등 실수를 자주 하지만, 그렇기 때문에 다른 사람의 실수나 부족함에도 관대한 경우가 많습니다.

정말 그런 것 같아요! 저도 그런 편인데, 누가 일을 좀 못해도 그 사람을 비난하지 않게 되더라고요. 왜냐면 나도 못하니까! 누가 누굴 비난하냐, 나부터 잘하자 그런 생각을 하게 돼요. 하하.

타인에게 관대하다는 건, 사회생활을 하는 데 정말 큰 장점이 될 수 있어요. 본인 스스로도 스트레스를 덜 받고 남들에게도 스트레스를 많이 주지 않으니까요. 타인에게 과도하게 엄격한 사람을 보면 숨이 막히잖아요. 저 사람 앞에서는 조금도 실수하면 안 될 것 같고 작은 실수를

해도 심하게 비난받을 것 같고…. 하지만 ADHD인들은
상대적으로 사람을 편안하게 해주는 측면이 있지요.

《젊은 ADHD의 슬픔》을 쓰신 정지음 작가의 트위터를
보고 크게 웃은 적이 있었는데요, "ADHD로서 바닥에
물을 쏟으면 차라리 감사할 지경이다. 왜냐면 물은
내가 여태 무수히 쏟아온 술, 콜라, 커피, 에이드, 라면,
드레싱, 간장, 설탕, 고춧가루, 퐁퐁, 샴푸, 락스 이런
것보다 훨씬 치우기 쉬우니깐. 우하하." 이렇게 쓰신
거예요. 물을 쏟았는데 다른 것에 비하면 닦기 쉬우니까
괜찮다는 생각을 하기는 쉽지 않잖아요. 누구라도 평소에
그런 실수는 할 수 있는데 물을 엎질렀다고 자책하고
당황하기보다는 조금이나마 좋은 쪽으로 해석하는 게
정신건강에도 훨씬 도움이 됩니다.

타인을 이해한다는 것은 쉽지 않은 일입니다.
우리가 타인에게 관대해지는 것은 그 사람을 완벽하게
이해해서라기보다는 '그럴 수 있다'는 관용과 배려에서
비롯되는 경우가 훨씬 많습니다. 그런 면에서 ADHD를
가진 사람들은 자신도 무수히 많은 실수를 하며 살아가기
때문에 누구라도 그럴 수 있다는 가능성을 배제하지

않지요. 일면 '성격 좋은 친구'가 될 수 있달까요.

　또한 ADHD인들은 상대적으로 창의적이고 기발한
아이디어가 많습니다. 산만하다는 것은 주의 전환이
빠르다는 것이므로 이것저것 관심사가 다양해요. 정해진
틀이 없고 생각이 뻗어나가는 데에 한계가 없지요.
그러다 보니 상상력도 풍부하고 여러 가지 것들을 응용해
새로운 것을 만드는 데에도 유리합니다. 원칙과 경계가
약하기 때문에 어떤 집단에 새로운 시각을 제공하기도
합니다. 그러니 이들에게는 성역이 없어요. 쉽게 권위에
짓눌리지 않기 때문에 때론 강한 저항 정신을 바탕으로
민주적인 행동을 하려 노력하기도 합니다. 남들에게 쉬워
보이는 일들을 아무리 노력해도 해내기 어려웠던 기억이
있더라도, 그 기억들을 잘 치유한다면 타인의 고통에
대한 이해와 연민, 연대의식으로 발전시킬 수 있어요.
남들과 발맞추기 어렵고 수용받을 수 없었던 경험들을
받아들이고 성장하면서 오히려 타인을 깊이 이해하는
사람이 된다는 것이 참으로 멋지지 않나요.

　어려운 자리에서도 농담을 잘하거나 기에 눌리지
않는 ADHD인이 있으면 긴장된 분위기가 환기되기도

하지요. 따지고 재야 할 것이 많은 사람에게 ADHD인이 '지금 당장 바다에 가자!'고 제안한다면 당황스럽기도 하겠지만 그 사람에게는 새롭고 놀라운 경험이 될 수도 있습니다. 이렇게 ADHD 환자들은 때로 분위기 메이커가 되어 활력을 불어넣기도 합니다. 방향을 달리해서 보면 ADHD의 특징들이 자신 혹은 주변에 새로운 기운을 북돋는 측면도 있다는 것을 기억하면 좋겠습니다.

ADHD인,
내 동료가
돼라!

ADHD는 본인이 물론 제일 힘들겠지만 주변 사람들에게도 어려운 질병 같아요. 제 주변에도 ADHD 진단을 받은 이들이 있는데요, 이들을 어떻게 이해하고 대해야 할까요?

우선 질문을 다시 생각해볼게요. 우리는 왜 그들로 인해 불편하고 피해를 본다고 생각할까요? 왜 ADHD 환자의 행동이 우리에게 불편을 느끼게 할까요?

이것 역시 앞서 이야기했던 우리 사회 환경과 관련이 있습니다. 최적의 효율과 정확성, 최고의 생산성을 강조하는 요즘에는 이에 반하는 것을 마치 '악'처럼 치부합니다. 사회가 정한 기준과 상식에 위배되거나 미달되는 행동을 하는 사람들을 쉽게 배제하죠. 모든 것이 톱니바퀴처럼 착착 맞물려 돌아가야 하는 세상에서 규격이 맞지 않는 나사 하나는 골칫거리가 되어버립니다. ADHD 환자는 업무 실행 능력이나 업무 처리의 일관성이 부족한 경우가 많기 때문에 이런 사회를 살아가기에 커리어 면에서 불리한 점이 많습니다.

주변에 운동신경이 좀 떨어지는 사람, 소화 능력이 약한 사람, 관절이 좀 안 좋은 사람, 그런 사람들 있죠? 살면서 다소 불편한 점들이 있고 가끔은 주변에서 배려해줘야 하기도 하지만 그럭저럭, 자기 일을 하면서 일상을 잘 살아갑니다. ADHD인도 그런 사람을 보듯이 대하면 좋을 것 같습니다. 내가 불편을 느낀다면 그만큼 ADHD인도 많은 어려움을 겪습니다. 이들의 어려움을 공감해주되 동정하거나 특별한 시선으로 바라볼 필요는 없습니다. ADHD 진단을 받았더라도 사람마다 그 특성이나 정도가 너무나 다양하기 때문에 필요한 부분에 대해 구체적으로 조율해가면서 불편을 줄여나가면 됩니다.

그런데 이런 환경을 위해서는 몇 가지 전제가 필요해요. 우선 협업 시에 발생하는 업무의 어려움에 대해서 서로 피드백을 주고받을 수 있되, 인신공격이나 감정적 비난은 자제하는 분위기가 중요합니다. 개선을 위한 이야기가 감정적 화풀이가 되어서는 안 됩니다.

또한 이런 피드백을 받는 당사자도 본인의 모습에 대해 타인의 관점에서 이해해보려는 노력이 필요하고요. 집단 문화가 강한 한국에서는 전체적 틀을 깨는 실수에 대해 필요 이상으로 죄악시하고, 실수해서 피해를 주었으니 그 어떤 비난이라도 해도 된다는 분위기로 가는 경우가 종종 있어요. 이는 누구에게도 도움이 되지 않아요. 이럴 때 동료들이 비난 일변도의 분위기가 과열되지 않도록 균형을 잡아주면 좋겠습니다. 당사자도 실수를 인정하고 사과하면서 비판을 수용하되, 본인이 잘 수용할 수 있는 방향의 피드백을 달라고 요청할 수 있다면 좋겠어요. 감정을 쏟아내기보다는 문제를 해결하는 건설적인 소통 방식을 찾아가는 것이지요.

물론 ADHD인들은 그동안 질타를 받아온 경우가 많아 이런 상황에 처하면 쉽게 우울해지거나 방어적이 되기 쉽습니다. 이때가 바로 동료들의 격려와 이해, 그리고 유연한 도움이 필요한 때입니다! 중요한 마감은 함께 알람을 설정한다든가, 팀에서 전날 한 번 더 챙겨주는 식으로 구체적인 도움을 주는 것은 함께 잘해보고픈 ADHD인들에게 정말 큰 힘이 됩니다.

ADHD인과 대화를 하다가 흐름이 이상한 방향으로 흘러가면 맥락 유지에 더 능숙한 분들이 흐름을 주도적으로 이끌어주세요. 협의할 부분이 있다면 구체적인 숫자와 말로 바꾸어 제시해주세요. 하지만 너무 완벽하게 교정하려고 시도하지는 마세요. 그러면 ADHD인은 오히려 쉽게 지치고 따라오기 힘들어집니다. 목표를 단순하게 설정하고 여러 번에 걸쳐 개선한다는 생각으로 임해야 합니다. 단번에 개선할 수 있다는 기대를 하시면 안 돼요. 조율하는 과정 자체가 모두에게 좋은 배움의 기회가 될 수 있습니다.

ADHD인들은 솔직하고 창의적이며 틀에 얽매이지 않는 개성을 갖고 있습니다. 때로는 이런 면모가 업무에 대한 새로운 관점이나 개선점을 제시하고, 지루한 직장생활에 활력소를 가져다줄 수도 있습니다. 어떤 단점이든 뒤집으면 강점이 될 수 있어요. 이런 점을 잘 찾고 지지해주면 좋겠습니다. 모든 사람이 생산성이 좋은 인간이 되어야 한다는 인식은 일종의 우생학처럼 느껴지기도 합니다. 모두가 높은 기준을 향해 나아가며 생산성이 높아지면 개인에게는 어떤 이득이 돌아올까요?

자본만 살찌우고 개인은 지쳐서 나가떨어지지 않을까요?
모두에게 좀 더 다정한 동료가 되어주세요. ADHD인들도
생활에서 느끼는 불편을 어느 정도 개선하고 필요한
만큼의 치료를 통해 도움을 받겠다는 자세를 잃지
마세요.

우당탕탕 빙글빙글 ADHD와 가족들

앞에서 계속 '인지행동치료'라는 게 언급됐었는데요, 그게 뭘까 생각만 하다가 질문 타이밍을 놓쳤어요. 뭔가 본격적이고 어려운 치료처럼 느껴지는데… 인지행동치료가 뭔가요?

O

ADHD는 일차적으로는 약물 치료가 권장됩니다. 증상 감소의 효과가 확실히 입증되어 있기 때문이에요. 그러나 주의력 저하, 과잉행동 증상이 완화되었다고 해서 일상생활에서 겪는 문제와 정서적 어려움을 단번에 해결하기는 어렵습니다. ADHD인에게는 개인적, 직업적, 사회적 요구에 대처할 수 있도록 도와주는 상담 치료도 필요합니다.

정신의학적 교육과 인지행동치료는 이러한 상담 치료의 일환이라고 보시면 이해하기 쉽습니다. 정신의학적 교육은 말 그대로 자신의 질환에 대한 정보를 정확하게 알고 자신의 상태를 파악해나가는 과정을 말합니다. ADHD에 대해 이해하고자 지금 이 책을 찾아 읽고 있는 행동 역시 정신의학적 교육의 측면으로 설명되는 적극적인 행위일 수 있지요. 인지행동치료는 이에 더해 인간의 생각과 행동, 감정 사이의 상호작용을 이해하는 상담의 과정이라고 볼 수 있습니다. 모순적이고 비합리적인 사고를 바꿔서 문제 해결에 도움을 주는 심리치료의 한 기법이지요. 뭔가 어렵게 느껴지신다면 조금 더 설명해볼게요. 사실 전혀 어려운 개념이 아니에요.

인지행동치료는 몇 개월 정도의 비교적 짧은 기간 동안 진행되는 상담 치료입니다. 이 치료의 핵심 전제는 사람의 감정이나 행동이 사건 자체의 결과라기보다는 사건을 해석하는 사고방식에 달려있다는 것입니다. 주치의 혹은 상담가는 환자의 감정과 행동에 영향을 주는, 부정적으로 왜곡된 사고를 파악하고 재구성해서 현실 중심적으로 문제를 해결할 수 있도록 도와줍니다. 이에 더해 체계적인 목표 설정을 위해 행동 변화를 촉진하기도 합니다.

왜곡된 사고가 현실 인식을 방해하기 때문에 이것을 바로잡아주는 상담 치료의 일종이라고 이해하면 될까요? ADHD 치료에서는 어떻게 적용되어 진행되나요?

몇 가지 예를 들어볼게요. ADHD 환자들은 부정적인 피드백을 자주 받다 보니 자신감이 없고 자기 비난적인 생각의 패턴에 빠지기 쉽습니다.

'나는 답이 없어, 나는 나아지기 어려울 거야, 나는 세상과 맞지 않아, 완벽하게 끝내지 못할 바에는 안 하는 게 나아.'

행동이나 정서 뒤에 이렇게 잘못된 전제와 생각이 깔려있는 것이지요. 이를 바로잡지 못하면 감정 회복과 행동 변화가 일어나기 어렵습니다. 자극과 반응 사이에 이것을 해석하는 자동적 생각이 스쳐 가는데, 이 생각은 그동안의 삶에서 겪은 어려움과 상처로 인한 믿음에서

비롯됩니다. ADHD의 다양한 증상들로 인해 관계에
어려움을 겪기도 하고 사회적 활동에서 부정적인 평가를
받는 일도 잦으니까요.

'나도 지금보다 더 안정적인 일과를 가질 수 있어,
노력하면 나아질 수 있을 거야, 소통하다 보면 세상과
조율할 수 있을 거야, 누구도 완벽하게 모든 것을 해낼 순
없어.'

평범해 보이는 생각들이지만 ADHD인에게는 결코
쉽지 않을 거예요. 사고의 전환을 위해 자신의 인지
왜곡을 찾고 교정하는 과정에서 ADHD인은 그동안
느껴온 고통과 좌절을 이해하게 됩니다. 그것을 공유하고
기록해보는 것만으로도 상당한 치료 효과를 얻을 수
있어요.

그리고 일상생활에서 어려움을 느꼈던 부분들을
개선하기 위해 다양한 기술을 정리해 계획을 세워봅니다.
처음부터 무리한 계획을 세우지 않고 의사와 상의하며
차근차근 일상의 습관들을 바꿔보는 겁니다. 이런
체크리스크를 만들어보는 것에서 시작합니다.

시간 관리: 약속 시간에서 시간의 흐름을 인지하고 추정하기, 일일 계획표 만들기, 과제 수행 계획표 만들기

공간 관리: 물건이 있을 제자리 만들기, 나의 동선에 맞게 물건 배치하기, 쌓이는 물건 분류하고 중복되는 것 버리기

자기 관리: 자기 비난적인 생각을 인지하고 논박하기, 스스로 동기 강화하기, 작은 보상 주기, 과제를 작은 부분으로 쪼개기

이렇게 자신의 상황과 상태에 맞게 체크리스트를 만들고 이것을 실행했는지, 했다면 어떻게 했는지, 못 했다면 왜 못 하게 됐는지, 실행하면서 어떤 감정과 생각을 가졌는지, 신경 쓰였던 사건에서 자동으로 떠올랐던 감정이나 행동은 무엇이었는지 등을 기록합니다. 다음 진료에서 주치의와 함께 무엇이 힘들었고 무엇이 도움이 되었는지를 이야기하며 일상을 개선해나가는 이러한 과정이 모두 인지행동치료에 해당합니다.

이런 훈련은 모두에게 일괄적이라기보다는 환자에

따라 필요한 부분이 강조되기도 합니다. 예를 들어 하고 싶은 일과 진로는 정해졌는데 추진이 어려운 사람이 있다고 해볼게요. 그런 사람에게는 먼저 적절한 계획을 세우는 연습이 필요하겠지요. 어떤 과제가 진행되는 흐름을 일일 계획, 주간 계획으로 나누어 표를 만들어보고 완수하는 것에 초점을 맞춰 상담이 진행될 거예요. 또 지각이 가장 큰 문제인 사람에게는 일상의 루틴 만들기, 시간의 흐름을 예측하고 계획하기가 주요 과제가 될 것입니다. 자신감이 없고 불안이 높아 시도하기도 전에 두려움을 갖는 사람은 행동 훈련보다는 인지 왜곡을 파악하고 교정해나가는 훈련이 더 필요할 것이고요.

상담 치료에서 중요한 첫걸음은 ADHD인들이 본인의 존재와 증상을 이전보다 긍정적이고 해결 중심적인 시각으로 새롭게 바라보는 태도입니다. 실행기능이 부족해서 생기는 건망증, 지각, 준비물 누락, 업무 완수의 어려움 등은 혼자의 힘으로는 개선하기 어렵지요. 이럴 때 친밀한 존재인 가족과 친구들이 ADHD인들의 강점을 발휘할 수 있도록 도와주는 게 중요합니다. 지적보다는 수용을, 그리고 격려를 해준다면 정말 큰 도움이 됩니다. 그래야 자기 자신을 좀 더 너그럽고 긍정적으로 바라보고 여러 일상생활 기술을 연습할 수 있으니까요.

인지행동치료에 대해 알고 나니 정말 주변 사람들의 역할이 중요하겠다는 생각이 들어요. 어떻게 도와주면 좋을까요?

가까이 있는 사람들이 ADHD 환자들에게 해줄 수 있는 일들은 정말 무궁무진하지만, 가장 중요한 몇 가지를 이야기해볼게요.

① 과업을 나누고 같이 시작해주기
ADHD인은 계획을 세우는 것에 몹시 취약합니다. 어떤 일을 시작할 때는 계획을 세우는 시간이 필요한데 그

시간조차 계획에 없습니다. 아니 계획에 대한 계획도 없어요. 대체로 무턱대고 시작하는 경우가 많습니다. 만약 어떤 글을 써야 한다고 하면, 보통은 전체적으로 어떤 내용을 쓸 것인지 생각하고 개요를 짜고 순서대로 글을 써나갑니다. 하지만 ADHD인들은 그냥 쓰기 시작해요. 물론 각자의 스타일에 따라 이렇게 쓸 수도 있고, 저렇게 쓸 수도 있겠지만 ADHD인은 어떤 일을 하든 이러한 방식으로 일단 하고 봅니다. 그러다 보면 중간에 길을 잃어버립니다. 전체적인 큰 계획이 없고 닥치는 대로, 끌리는 대로 실행하다 보니 그럴 수밖에요.

청소를 시작했다가 오래된 앨범을 발견하고 사진을 들여다보고, 옛날 일기를 읽다가 그 친구는 지금 뭐 하고 지내나 궁금해 인스타그램을 찾아보러 휴대폰을 들고, 인스타그램 광고에 홀려 쇼핑을 하다가 구매 버튼을 눌렀더니 어제 쿠팡에서 배달 온 뜯지 않은 택배 상자가 생각나 택배를 뜯으니까 강아지 옷이 도착해있고, 옷이 왔으니 강아지 산책을 해볼까 해서 집을 나섭니다. 어디서 많이 본 것 같죠? 네, 보통 사람들도 뭔가를 시작했다가 다른 데에 정신이 팔려 처음의 목표와는 다른 일로 향하는 일이 종종 발생합니다. 그런데 ADHD인들은 이런 패턴이 보통 사람들보다 일상적으로 매우 자주 반복됩니다.

이럴 때는 곁에 있는 가족이 일을 나누어 함께 해주는 것이 좋습니다. 집 청소를 하기로 했다면 청소라는 목표를 잊지 않도록 "너는 바닥을 쓸고 닦고 화장실을 청소해, 나는 설거지를 하고 빨래를 돌리고 쓰레기를 버릴게." 이렇게 나눠주는 것이죠.

② 과업의 목표를 잃지 않도록 상기시키기

이렇게 과업을 나눠주었다면, 목표를 잃지 않고 지속할 수 있도록 상기시키고 격려하는 것도 중요합니다.

바닥을 쓸라고 해서 쓸기는 했는데 그러다 서랍장 밑에서 5천 년(!) 동안 묵어있던 목걸이를 발견해버렸고 한번 해볼까 싶어 목에 걸어봤다가 머리 스타일이 목걸이에 안 어울리는 것 같아서 머리를 묶어도 봤다가 풀어도 봤다가… 자, 이런 모습이 보인다면 바로 말해주세요.

"우리는 여전히 청소 중이고 아직 바닥의 3분의 1이

남았으니 딴짓을 하더라도 저기까지 다 쓸고 해."

　놀랍게도 ADHD인은 지금 청소 중이었다는 것을
까맣게 잊었을 수 있습니다. 이렇게 수시로 확인시켜주면
다시 정신을 차리고 청소라는 과업으로 돌아갈 수
있겠지요? 물론 이런 피드백을 수용하는 ADHD인의
자세도 중요합니다! "아유, 잠깐만" 하면서 목걸이를
계속 만지작거리면 전쟁은 다시 시작될 것입니다. "너는
왜 사람이 말을 하는데 안 듣냐, 이것만 하면 되는데 왜
그러냐, 언제 사람 될래…."

③ 구체적으로 말하기

청소를 분업한다고 할 때, 지시 사항은 매우 구체적으로
말해줘야 합니다. 보통은 화장실 청소를 하라고 하면
무엇을 어떻게 해야 할지 알 수 있지만 ADHD인들은
화장실 청소라는 것을 막상 시작하려고 하면 말도 안
되게 막막하게 느껴지는 경우가 있습니다. 평소에 많이
해보지 않아서일 수도 있고, 청소라는 것 자체의 계획을
세우는 데 어려움을 느껴서일 수도 있습니다.

　그럴 때는 '화장실을 청소해'보다는 '전체적으로 물을

뿌리고, 변기의 안과 밖을 솔로 닦아내고, 세면대에
세제를 뿌려 물때를 불리고, 타일 틈의 검은 곰팡이에
락스를 묻혀 닦아내고, 마지막으로 물로 헹궈내면
돼'라고 말해줘야 합니다. 이 과정을 설명하는 말이
너무 길다면 한두 개씩 끊어서 설명해주면 좋습니다.
한꺼번에 너무 많은 지시 사항을 들으면 ADHD인들은
또 잊어버리고 말 테니까요. 평소에 뭔가를 함께 할 때
가족들이 이런 식으로 말하는 습관을 들이면 ADHD인도
곧 익숙해져서 조금씩 구체성이 흐려져도 지시 사항의
입력이 좀 더 수월해집니다.

　이렇게 매번 짧고 구체적으로 말을 한다는 것 자체가
쉬운 일은 아닐 것입니다. 가끔은 바빠 죽겠는데 언제
이걸 다 말하고 있나 심란할 때도 있고, 피곤해지기도
할 거예요. 하지만 ADHD 치료에 가족들의 역할은 무척
중요합니다. 가장 오랜 시간을 함께하는 일상의 관계이기
때문에 ADHD 치료에 가장 큰 도움을 줄 수 있는 사람이
바로 가족이라는 점을 잊지 마시고 인내심을 갖고
대해주세요.

④ 비난하지 않기

ADHD 진단을 받으면 환자 본인도 낙인이 찍힐 것 같다는 두려움과 불안감이 밀려오기도 합니다. 자신의 어려움이 ADHD라는 질병으로 설명할 수 있다는 것에 후련함을 느끼기도 하고 기쁜 마음으로 치료받겠다 다짐하기도 하지만, 나의 모든 것이 ADHD로만 설명될까 봐 걱정되기도 합니다.

자신의 질환을 주변 사람들에게 밝혔을 때 '아, 네가 ADHD라서 그랬던 거구나. 이제 이해가 된다'라는 반응만 있다면 정말 좋겠지요. 하지만 어떤 면에서는 ADHD라는 프레임이 또 다른 편견으로 작용해 '역시 ADHD라서 또 실수하는구나'라는 비난으로 변모할 가능성도 있습니다. 처음에는 ADHD 진단이 환자를 이해하는 동기가 되었다가, 주변 사람들도 마음의 여유가 없어지고 지치게 되면 오히려 그 사람의 모든 것을 ADHD라는 프레임으로만 바라보게 될 수 있습니다. 그러다 보면 자기도 모르게 자꾸 지적하게 되고 긍정적인 피드백보다 비판적인 태도를 보이게 되지요. 에드워드 할로웰과 존 레이티가 쓴《ADHD 2.0》이라는 책에서는

ADHD인들 중 일부는 '거절 과민성 불쾌감'을 가지고
있다고 이야기합니다. 사소한 비난이나 거절에도 이들은
갑작스럽게 낙담한다는 것이지요. 그런데 칭찬과 격려를
건설적으로 잘 활용하는 '인정 반응성 도취감'을 가진
경우도 많아서, 이에 쉽게 응원받고 행복해진다고 해요.
어찌 되었건 일방적인 바람이 나그네의 옷을 벗기지
못하는 것은 확실하겠지요. 가까운 지인이나 가족이
ADHD 진단을 받았을 때, 처음의 '이해하고자 하는
마음'을 잃지 말고 천천히 지켜봐주세요. 상대에 대한
비난은 건강한 관계를 방해할 뿐입니다.

ADHD인과
살아보니
어때요?

가까이 있는 사람들이 도와줘야 할 일들을 듣고 보니, 실제로 ADHD인과 함께 사는 가족들의 심정이랄까? 마음이랄까? 그런 게 궁금해지네요!

○

그래서 제가 몇 분을 직접 만나 미니 인터뷰를 해봤답니다. 먼저 40대 중반의 한꼼꼼 씨를 만나봤는데요, 그는 ADHD를 가진 반려인 박허당 씨와 살고 있습니다. 실제로 ADHD인과 함께 사는 일상은 어떤지 물어봤습니다.

정반대의 성향을 가진 배우자와 함께 부부로 살아가는 게 쉽지 않을 것 같은데, 어떠세요?
옆에서 지켜보면 좀 답답하기도 하고 안타깝기도 해요. 그치만 중요한 원칙이 있습니다. 부부라 영향을 많이 받기는 하지만, 결국 자기 삶은 자기가 살아가는 것이라는 원칙이죠. 제가 옆에서 뭘 거들어줄 수는 있어도 해결해줄 수는 없는 부분이 많으니까요. 아침에 회사 서류를 빠트리고 가면 그걸 제가 대신 해줄 수는 없어요. 한두 번이면 챙겨줄 수도 있지만 거의 매일, 매우 자주 그런 일이 일어나면 매번 어린아이 책가방 챙기듯 해줄 수 있는 게 아니거든요. 그래서 흔쾌히 해줄 수 있는 만큼만 해요. 내가 못 참고 무리해서 도와주다 보면 보상 심리가 생겨서 '내가 이렇게까지 해주는데'라는 마음이 생기기 시작해요. 상대가 원한 것도 아닌데 못 참고 나서서 도와줘 놓고, 상대가 그에 대한 고마움을 느끼지 못하는 것 같다거나 행동이 개선되지 않으면 슬금슬금 화가 나는 거죠. 결국 좋은 마음으로 시작한 일에 스트레스를 받게 되고 관계에 악영향을 끼치는 것 같아요.

그럼에도 때론 스트레스받는 일도 많을 것 같아요.

허당 씨랑 집안일을 함께 처리하다 보면 제 인내심에도 빨간불이 켜질 때가 있지요.(웃음) 어설프게 일 처리를 하는 바람에 시간적, 금전적 손실이나 실패를 겪으면 저도 사람인지라 짜증이 안 날 수는 없어요. 하지만 그건 제가 바꿀 수 있는 부분이 아니잖아요. 타고난 기질이라고 생각해요. 그러니 어떤 부분은 있는 그대로 받아들여야 해요. 상대에게 기대치를 낮추는 건 정말 중요하다고 생각해요. 서로 마음의 여유가 없고 여력이 안 된다면 가정일의 완성도에 대해 공통의 기대치를 낮추는 게 필요한 것 같아요. 그래야 서로 압박감이 덜어져서 '그럴 수 있지' 하는 마음으로 그 시기를 무리 없이 지나갈 수 있는 것 같아요.

이제는 저도 좀 노련해져서 허당 씨의 실수들을 잘 관찰하면서 공통의 패턴을 발견하곤 해요. 그러면 허당 씨의 상황을 어느 정도 예측할 수 있거든요. 처리해야 할 일이 두 가지 이상이 되면 꼭 한 가지는 빼먹는구나, 아침에 머리를 오래 말리면 차 키를 까먹고 놓고 가는구나, 쇼핑할 때 쇼핑백이 세 개 이상 되면 둘러보던 가게에 쇼핑백을 두고 오는구나, 출근 전에는 휴대폰을 항상 침대 위에 던져두고 잊어버리는구나. 이런 패턴들이 보이죠. 그러면 제가 미리 대처할 수가 있어요. 이게 제 나름의 스트레스를 최소화하는 방법이에요. '또, 또 저런다'가 아니라 '또 저럴 것 같으니 내가 미리

말해줘야겠다'로 진화하는 거죠. 물론 쉽지는 않지만
화내지 않고 차분하게 배우자를 잘 관찰하면 즐거운
마음으로 맞춰나가는 방법을 찾을 수 있어요.

**보통(?) 사람과 함께 사는 ADHD인들에게는 어떤 이야기를
해주고 싶으세요?**

살다 보면 누구나 의도하지 않은 실수나 누락으로 배우자
또는 주변에 피해를 주고 미안해지는 상황이 생겨요.
이건 꼭 ADHD인이 아니어도 우리 모두에게 일어날
수 있는 일이에요. 그러니 그런 상황에서 너무 과하게
죄책감에 빠지고 수치심을 느낄 필요는 없다고 말해주고
싶어요.
자신의 행동이 불러온 결과를 적절히 인정하는 게 중요한
것 같아요. '아, 내가 출근 준비에만 몰입해서 가스 불
체크하는 걸 잊었네.' 집을 홀랑 태워먹는 극단적인
피해가 일어나지만 않았다면 괜찮아요. 이미 일어난
일이니까요. 하지만 배우자는 위험천만한 상황을 만든
상대에게 화가 나고 스트레스를 받을 수 있어요. 그러니
상대의 스트레스와 걱정에 대해 진심으로 헤아리는

마음도 필요하죠. 실수를 자주 지적받으면 위축되고 주눅들 수도 있지만 그렇다고 죄인처럼 행동할 필요도 없어요. ADHD 당사자가 주도성을 갖고 적절한 자기 경계를 지키며 대처해나가는 게 좋아요. 가스 불 체크를 잊은 자신을 자책하고 미안해하며 어쩔 줄 몰라 하기보다는 다음에 그런 일이 일어나지 않도록 현관에 메모를 붙이거나 출근 시간에 가스 불 확인하라는 알람을 맞춰놓는 등 자신만의 행동 규칙을 만들면 됩니다. 그리고 상대의 도움과 배려에 감사하고 그것을 당연하게 생각하지 않는 마음가짐도 필요하겠지요.

ADHD인과 같이 사는, 꼼꼼 씨와 같은 처지의 배우자들에게도 해주고 싶은 말이 많을 것 같아요.

한쪽이 주로 사고를 치고 다른 쪽이 수습을 하다 보면 둘 사이에 일종의 위계가 생길 수 있고 의존적인 경향이 생길 수 있어요. 이건 결코 건강한 관계가 아닌 것 같아요. 한쪽은 매번 실수하고 허술한 사람으로, 한쪽은 매번 챙겨주고 배려하는 사람으로 역할이 굳어지지 않도록 하는 게 중요해요. 그러니 혹여 둘 사이에 갈등이 생길

여지가 생기면 그때그때 서로의 감정을 공유하셨으면
해요. 고맙다, 애썼다, 괜찮다는 말 한마디에 인색하지
말고 문제 해결을 위해서 함께 노력하세요. 일방적인
비난이 이어지거나 원망의 마음이 굳어지지 않도록
애쓰면 좋겠어요.

반도체를 예로 들어볼게요. 반도체는 전자가 남거나
모자라서 비워진 공간(hole)이 있을 때 그 빈틈으로
전자가 흐르게 돼요. 이렇게 전류가 흘러야 반도체가
일을 시작할 수 있죠. 부부 관계도 마찬가지라고
생각해요. 서로 다른 두 사람이니 넘치거나 부족한
점이 있을 수 있어요. 그럴 때 서로의 모자란 부분으로
에너지가 흐른다고 생각해보세요. 그 흐름이 우리의
삶에 생동감과 변화를 가져다줄 거예요. 한쪽이 ADHD를
가진 것은 이런 빈틈과 비효율을 경험하고 받아들일 수
있는 계기가 되기도 해요. 아, 저 빈틈이 내가 흘러가야 할
곳이구나 생각하면 어느 한쪽에 치우치지 않는 균형 잡힌
관계가 만들어질 거라 믿어요.

물론 가끔은 ADHD를 가진 배우자 때문에 나의 주의력이
소모(?)된다고 느낄 때도 있어요. 나는 혼자 알아서

잘해왔는데 상대의 구멍을 내가 자꾸 케어해주고 빈틈을 메워주다 보면 어쩐지 나의 에너지도 닳는 것 같고, 어느 순간에는 나까지 정신없어지면서 '이거 ADHD가 나한테 옮은 거 아니야?' 하는 생각까지 든다니까요. 하지만 걱정하지 마세요. ADHD는 옮지 않아요.(웃음) 그저 서로 맞춰가는 과정에서 발생하는 수용 가능한 변화일 뿐이에요. 허당 씨는 본인도 실수를 많이 하는 사람이라서 그런지 다른 사람의 실수에도 너그러운 편이에요. 그러다 보니 오히려 그런 관대함이 제게도 영향을 미쳐서 저도 타인에게 너그럽고 수용적인 사람이 된 것 같아요. 가끔은 허당 씨가 '당신도 명예 ADHD인이 된 거 아니야?' 하고 놀릴 때마다 '내적발끈'을 숨길 수 없긴 하지만요.(웃음) 아무튼, 해치지 않아요. ADHD인 아내와 사는 것도 나름 흥미진진하고 버라이어티하고 즐겁답니다.

**ADHD인 자녀를 둔 부모님은
어떨까요? 아이와 부모가 둘 다
ADHD인 것도 '대환장'이겠지만
ADHD인 자녀와 정반대인 부모의
관계는 어떨까 궁금하기도 해요.**

그래서 ADHD인 자녀 이예민 씨를 잘 키워낸 70대
어머니 왕살림 씨에게 그 비법을 물어보았습니다. ADHD
자녀를, 어떻게 '편안하게' 키울 수 있었는지를요.

자녀 이예민 씨는 어떤 아이였나요?

저는 좀 산만한 딸을 두었어요. 어릴 때 혼자 한글을
익히고 책 읽는 것을 좋아하길래 처음에는 똑똑하다
싶었어요. 어느 날 시장에서 또래들이 좋아한다는
세발자전거를 사서 앉혔더니 애가 어쩔 줄 모르고
무서워하면서 벌벌 떨더라고요. 페달을 굴려볼 시도조차
하지 않고요. 아이가 잘하고 못하는 것의 차이가 커서

키우기가 쉽지만은 않겠구나 생각했던 기억이 나네요.
운동을 잘 못하다 보니 친구들과 고무줄놀이도 못 하고
예민하고 소심하던 아이가 초등학교에 가니 수업이
재미있다고 하더라고요.

그런데 하루는 담임 선생님에게 연락이 왔는데 아이가
매번 1교시 시작 전에 가까스로 도착한다는 거예요.
집에서는 일찍 나갔는데 이상한 일이었죠. 그래서
등교하는 아이 뒤를 미행해보니 아이가 좀 걸어가다가
어느 집 강아지를 보면 귀여워하면서 5분, 또 걷다가
개미집을 만나면 5분, 어느 식당 앞에서 김치를 담그는데
그걸 물끄러미 보면서 10분. 이렇게 자꾸 넋을 놓고
있다가 겨우 추스르고 학교로 가더라고요. 뒤에서 보고
있자니 너무 속 터지기도 하고 웃기기도 한데…. 그래도
학교는 가니 됐다 싶어서 따로 이야기하거나 혼내지는
않았어요.

또 3학년부터는 도시락을 싸가는데 일주일에 한두 번은
도시락 가방을 학교에 두고 오는 거예요. 몇 번은 다른
그릇에 싸주기도 했지만, 너무 반복되면 아이에게도 안
좋을 것 같았어요. 그래서 횟수를 정하고 한 달에 세 번이

넘으면 무조건 늦게라도 다시 가서 찾아오는 원칙을
정하고, 정말 그렇게 하도록 시켰어요. 몇 번 저녁때
학교 가서 도시락 가방을 찾아오더니, 점점 그 횟수가
줄어들더라고요.

예민 씨가 성인이 되면서 좀 나아졌나요?

아뇨! 중고생들은 입시 지옥 때문에 방 정리, 가사일
돕기를 할 시간도 없고 가르칠 시간도 없으니, 그냥 '너
얼른 어른 돼라' 하고 기다렸죠. 이제 대학도 가고 성인도
되었는데… 기대를 했지만 달라지는 게 없더라고요.
지갑이나 핸드폰도 놓고 다녀서 가져다 달라거나 돈
보내달라고 연락이 오기도 하고, 자기 방이나 옷 관리도
제대로 못하고요. 방학이 되면 인터넷으로 뭘 하는지
아침까지 밤새워 놀다가 낮에는 가족들 얼굴도 안
보고 오후까지 잠만 자는데 속이 터지더라고요. 저도
갱년기가 찾아와 체력도 떨어지고 집안일도 힘에 부치는
때였거든요. 아이가 부지런하고 손도 야무지면 생활
기술도 전수해줄 겸 몇 가지 집안일은 좀 분배해서 하면
참 좋겠는데. 일과로 보나 일 처리하는 맵시로 보나

영 그럴 상황이 아닌 거죠. 사실 좀 속상하더라고요. '야, 내가 너 나이 때는 결혼해서 한 가정의 살림을 다 꾸렸고, 너네들 낳아서 애도 키웠어!'라는 말이 몇 번이나 목구멍까지 올라오죠. 저도 농담처럼, 하소연처럼 몇 번 이런 이야기를 한 적도 있고요. 그런데 사실 이렇게 등짝 때리면서 왜 그러냐고 화내거나 잔소리해서는 전혀 먹히지가 않아요. 이 아이들은 자기들 세대의 어려움이 있고 우리 때랑은 상황이 다르니까요. 우리는 어서 결혼해서 어른 노릇을 해야 한다는 압박에 시달렸는데, 그걸 그대로 적용해서 아이에게 "라떼는~"을 해서는 해결될 일이 아니더라고요. 서로 감정만 상할 뿐이죠.

성인이 되면 상황이 나아지리라 기대하셨을 텐데, 쉽지 않았군요. 그 시절을 어떻게 보냈는지 궁금해요.

어른으로서의 경험을 바탕으로 조언을 많이 해주는 것 말고는 방법이 없지요. "앞으로 독립도 할 것이고, 또 계속 같이 살더라도 어른이라면 자기 생활 정리나 주변 정리는 잘 해나가야 한다. 내가 이만큼 살아보니 하루하루 하고 싶은 일만 할 게 아니라 하기 싫은 일도

해가며 균형 있게 살아야 나중에 돌아보았을 때 후회도 적고, 금전과 건강도 관리할 수 있더라. 어른이 되면 미래의 나와 내 주변을 위해 이런 생활 정리와 위험 관리가 필요하다." 그런 걸 쉬지 않고 얘기하죠.

그렇게 자주 이야기하면 예민 씨가 짜증을 내거나 반감을 갖진 않았나요?

선을 정하는 게 중요해요. 매일 매 순간 이렇게 얘기하면 오히려 역효과가 난다는 걸 저도 잘 아니까요. 엄마들이 잔소리 백날 해봤자 애들이 말을 안 듣는다고 하는 사람들은 잔소리의 정도와 빈도 조절에 실패한 거라고 볼 수 있어요. 내 잔소리가 아이에게 배경음악처럼 자연스럽게, 반복적으로, 평온하게 들려도, 혹은 시끄러운 소음으로 들려도 안 돼요. 적절한 타이밍에 꼭 필요한 순간에 이야기해야 '타격감'이 있달까요. 그래서 저는 제 스스로 한계선을 정해놔요. 방이 난장판이라면 이 상태가 내가 참고 넘길 수 있을 만한 상태인가, 아닌가를 고민하죠. 참을 수 없는 정도라고 판단되면 그때만 잔소리를 해요. 그래야 아이가 들어요.

그리고 잔소리를 하면서 큰 기대를 하지 않아요. 아이가 세 가지 정도는 했으면 좋겠는데 한 가지만 했다면, 그래, 한 가지라도 했구나 하고 생각해야 마음이 편해요. 서로 기대를 크게 하지 않고 같이 선을 맞추면 아이도 제 말을 잔소리로만 듣지 않고 저도 지치지 않죠.

성인 ADHD 자녀와 함께 살아가는 부모님에게 꼭 해주고 싶은 말이 있다면요?

제일 중요한 것은 아이를 믿어주는 거예요. 저는 제 아이니까 이 아이의 장점도 알고 약점도 알고 그래서 감안하게 되잖아요. 그렇지만 아이는 본의 아니게 실수도 많고 빠뜨리는 것도 많아서, 스스로도 힘들어할 때도 있고 밖에서 혼나거나 잔소리를 듣는 일이 많을 거란 말이죠. 그러면 얼마나 위축되겠어요. 그래서 가족은 아이를 믿어주고 자신감을 심어줄 수 있어야 해요. 답답하고 맘에 안 드는 구석도 많을 거예요. 그래도 믿어주고 지지하면서 아이가 도움을 청할 때 적절한 선에서 도와주는 것이 이 아이가 생활을 정돈해나가는 데에 도움이 되지 않을까요? 일단 저는 그 목표를 아주

길게 잡아서 아이를 너무 밀어붙이지 않는 것이 중요한 것 같아요.

내 습관,
ADHD
최적화를
시작합니다

ADHD인에게 나타나는 증상들은 사실 되게 다양하잖아요. 실제로 진료실에서 만나는 ADHD인들의 구체적이고 생생한 이야기들을 많이 듣고 데이터가 쌓이셨을 것 같은데, 어떤가요?

환자분들이 가장 많이 겪는 어려움은 전반적인 구조화가 어렵다는 것이에요. 이게 무슨 말인가 하면, 사무적인 일을 하거나 데이터를 촘촘하게 관리하는 업무를 한다면 전체를 파악하고 장악하기가 어렵다는 것이죠. 사무, 회계, 개인의 재정 관리부터 집에서 이루어지는 정리정돈이나 살림까지 뭔가를 실행하는 데 머릿속에서 그 일이 체계적으로 정리가 안 돼요. 그러니 일의 순서가 뒤죽박죽된다거나, 우선순위를 잘못 설정하거나, 어디서부터 시작해야 할지 몰라 실행이 안 되기도 합니다. 늘 머릿속이 흐릿하고 모호한 상태로 지내게 되겠지요. 자신감이 떨어지고 불안이 높아집니다. 자기 자신을 믿을 수 없는 상태랄까요.

　또한 피로 관리가 어려운 분들이 많습니다. 과업의 안배가 잘 안되니 피로도 역시 들쭉날쭉 날뛰겠지요. 자신의 욕망이나 호기심이 이끄는 대로 따라가다 보면 어느 순간 지칠 수밖에 없어요. 덕질이 너무 재밌어서 시간 가는 줄 모르고 마구 빠져들지만 사실 체력은 과도하게 소진됩니다. 글이 너무 잘 써진다고 며칠씩 잠도 안 자고 책상 앞에 앉아있으면 허리가 비명을 지르겠죠. 미루고 미루던 일을 최종 마감일을 앞두고 초인적인 힘으로 한꺼번에 처리하려고 하면 피로가 극에 달할 수밖에 없고요. 그동안의 실수나 부족함을 만회하기 위해서 무리한 요구를 수락할 때도 많아요. 그러면 수습을 위해 또 몸을 갈아 넣곤 합니다. 이런 경향은 결국 ADHD인들을 번아웃으로 밀어넣습니다. 장기적인 목표 설정이나 비전이 없다 보니 늘 이렇게 닥치는 대로 수습하기에 급급합니다. 그래서 ADHD와 함께 번아웃을 호소하시는 분들이 꽤 있어요.

　번아웃이 오면 건강 관리에도 적신호가 켜집니다. 뭐든 몰아서 하거나 과업의 분배가 잘 안되면 그만큼 건강 관리를 잘 해야 하는데, 검진 일정이나 진료 일정을 잘 챙기기란 불가능에 가깝죠. 꾸준하게 제시간에 약을 먹고 부작용을 체크한다든지, 경과를 파악하고 기록하는 등의 활동도 지속하기가 어려운 분들이 많습니다. 그것 역시 일상 루틴의 일부인데 ADHD인들은 루틴 관리가 쉽지 않거든요.

루틴 관리가 안 되니 꾸준한 운동이나 살림 운영이 어려워지겠지요. 특히 정리정돈에 특히 취약한 분들이 있거든요. 집안에서 재고 관리가 안 되는 거예요. 정리가 안 되니까 본인이 갖고 있는 물건이 파악이 안 돼서 이미 산 걸 또 사기도 하고, 어느 날 서랍을 열었다가 유통기한이 3년씩 지난 물건을 발견하고 쓰레기봉투를 가득 채우는 일도 다반사입니다. 반면 안경이나 리모컨, 열쇠, 신분증, OTP, 생리대, 보조 배터리처럼 일상에서 즉시 필요한 물건은 찾지 못해서 낭패를 보기도 하지요.

ADHD인의 날뛰는 호기심 때문에 계획하고 실행하는 게 힘든 분들도 있습니다. 일단 호기심이 강하기 때문에 뭔가에 혹하는 일은 자주 있습니다. 그런데 거기서 끝인 거예요. 어, 이거 재밌겠는데? 하고 일을 벌인 다음

267

수습을 못 하고 흐지부지되는 것이지요. 심한 경우 즉흥적인 일에만 반응하고 사전에 계획된 약속은 못 지키는 불상사가 생기기도 하고요. 그러니 자꾸 약속을 잊거나 어기게 되고 누군가에게는 약속을 진지하게 생각하지 않는 사람으로 오해를 받을 수도 있습니다.

예측 불가능한 호기심이 도저히 자신의 의지로는 제어가 안 된다고 호소하는 분들을 보면, 꼭 해야 할 일은 뒷전으로 미루고 하고 싶은 일만 하는 경우가 많습니다. 내일까지 제출해야 하는 리포트는 안 쓰고 밤새 게임을 하는 거죠. 코앞에 닥친 마감은 모른 척하고 마감 시한이 더 넉넉한 일부터 하기도 합니다. 그게 더 재미있게 느껴지거든요. 보통 사람들보다 흥미 위주로 움직이는 경향이 더 강하기 때문이죠.

그 외에도 정말 다채로운 증상들을 호소하시는데 들어보면 주의력과 실행 기능, 충동성이라는 공통적인 연결 고리가 있어요. 그 고리가 하나로 이어질 때 'ADHD 검사를 한번 해보시죠' 하고 권하게 된답니다.

정말 100명의 ADHD인이 있다면 100가지의 ADHD적 삶이 존재하겠네요! ADHD 증상을 호소하고 진단받은 분들에게는 약물 치료가 기본이겠지만 환자 본인도 생활 습관을 개선하도록 노력할 부분이 있을 것 같아요. 주변 사람의 도움과 함께 스스로 해볼 수 있는 일들에는 무엇이 있을까요?

약물 치료로 증상이 어느 정도 조절되면 삶의 질이 많이 좋아집니다. 하지만 지금껏 살아온 생활 습관들을 하루아침에 짜임새 있게 바꾸기란 쉽지 않지요. 말씀하신 대로 건강한 리듬을 찾기 위한 스스로의 노력도 필요합니다.

① 나를 위한 나만의 스캐폴딩(scaffolding)을 만들자!

스캐폴딩이 뭔가 하면, 비계(飛階)라고도 하는데요. 건설 현장에서 높은 곳에서도 일할 수 있도록 건물을 빙 둘러서 설치하는 임시 가설물로, 재료를 운반하거나 작업자들이 오가는 통로 역할을 하는 '발판'을 말합니다. 원래는 교육 분야에서 쓰이는 용어로, 학습자가 할 수 없는 잠재적 발달 영역을 만나면 교사나 코치가 학습자의 현재 수준에서 시범을 보이거나 도구를 이용하는 등의 적절한 도움을 주어 어려운 요소를 점차 해결하고 기능을 익혀가도록 하는 방법이에요.

　ADHD 진단을 받고 정신의학적 교육 등을 통해 이 질환에 대해 잘 알게 되고, 약물치료를 통해 그간의 증상들에 대해 보다 생생하고 통합적으로 느끼게 되면 환자들은 실행 능력을 올리고 생활 습관을 개선해야 한다는 필요를 강하게 느낍니다. 그런데 문제가 있어요. ADHD인들은 조직화, 계획, 자기 성찰이 어렵고 억제적 통제의 어려움, 보상에 대한 민감성이 약해 습관을 만들어나가기 어렵습니다. 각성도 어렵고 과제에 대한 자기-활성화(동기부여 및 유지)와 개시도 어렵지요.

이러한 현실을 인정하고, ADHD인 본인이 어떻게 스스로를 도울지, 자신 있게 할 수 있는 것들을 어떻게 늘려나갈지에 대해 계획하고 방향성을 잡는 것이 중요합니다.

초기에 조바심이 가득해서 '얼른 다 나아버리겠어!' 하고 과집중할 가능성이 높은 ADHD인에게는 "스캐폴딩"식 사고방식이 필요한 것 같습니다. 찬찬히 다지면서 지은 집이 튼튼하게 긴 세월을 버티듯이, 스스로에게 훈련과 변화의 발판을 만들어주는 거죠. 공사 진척에 따라 한 층 한 층 비계를 올리듯 습관 훈련의 속도와 난이도를 조절하는 겁니다. 이런 노력에는 손목시계나 수첩 등의 도구를 갖추고, 나에게 적합하도록 생활 환경을 바꿔나가고, 주변 사람들에게 양해와 도움을 요청하는 것이 다 포함됩니다.

원래 비계 설정은 부모님이나 선생님, 코치가 자녀와 학생들을 지도하는 과정에서 사용하는 방법입니다. 그러나 우리는 "성인" ADHD니까 자신이 자신의 좋은 이해자이자 코치가 되어줘야겠지요. 친절하고 인내심 있는 코치가 되어 거듭 시도를 격려하고, 조급하거나 가혹하지 않게 훈련과 연습을 이어갈 수 있도록 스스로를 이끌어주세요.

개복치처럼 예민해?: 자극 관리하기

자극 관리를 첫 단계로 잡은 이유는 평평하고 단단한 대지 위에 비계를 세우기 위해서예요. 좋은 계획도 컨디션이 잘 관리되었을 때 더욱 빛을 발하잖아요.

ADHD인들 중에는 감각이 유독 예민한 사람들이 있습니다. 가장 많은 유형은 소음이나 소리에 대한 청각의 민감성이 높은 분들이에요. 작은 소리에도 스트레스를 받거나, 어떤 소리는 괜찮은데 유독 특정 소리들이 귀에 잘 들어와서 짜증이 나고 집중에 방해를 받는 경우도 있습니다. 이런 특성은 평화로운 일상, 적절한 주의집중, 업무 완수에 생각보다 큰 스트레스가 되기 때문에 환경을 잘 관리하는 것이 중요합니다. 그게 어려운 경우에는 귀마개, 잔잔한 음악 틀기, 장소 옮기기 등으로 대처를 하는 것이 좋아요. 옷의 솔기나 간지러운 옷감을 못 견디는 등 촉각에 민감한 분들도 있습니다. 다들 노하우가 있으실 거예요. 면으로 된 옷을 주로 입는다, 속옷은 뒤집어 입는다, 복실복실한 니트는 피한다, 터틀넥 스웨터는 입지 않는다 등등이요.

주의집중을 해치는 게임, SNS, 스마트폰 등을 멀리 하는 방법에 대해서는 이미 다양한 노하우가 공유되어 있지요. 특히 업무나 공부 중, 그리고 출근 시간대, 자기 전 시간대에 이렇게 주의집중과 계획을 흐트러뜨릴 수 있는 자극은 사용하지 않는 규칙을 정하고 습관을 들이는 것이 필요합니다.

호르몬 변화 등 몸 내부의 변화에 민감한 분들도 있습니다. ADHD를 가진 여성에게서 PMS(월경 전 불쾌 증후군)의 빈도가 좀 더 높게 보고된다는 연구도 있어요. 아, 나는 왜 이런 것도 민감할까 한숨이 나오겠지만 햇볕을 많이 쬐고, 운동을 하고, 비타민B군이 든 음식도 섭취하면서 적극적으로 관리해보세요. 심한 경우엔 PMS에 대한 항우울제 치료도 고려해보시면 좋겠습니다.

몸의 자세나 상태를 인지하는 정위적 감각이 둔하고, 운동의 미세 조정이 쉽지 않아 손놀림이나 몸 움직임이 어색하고 서툰 ADHD인도 있습니다. 이런 특성이 충동성과 결합하여 뭔가를 쏟거나, 떨어뜨리거나,

273

어디에 부딪혀서 크고 작은 부상이 많기도 하고요.
종아리에 영문 모를 멍이 여러 개 있다는 것은 자주
듣는 이야기입니다. 집 안에서 자주 부딪히는 부분에
완충 스티커를 붙이고, 동선에 걸리는 것 없이 가구를
배치하는 것도 방법이에요. 특히 이런 실수는 마음이
조급하고 피로할 때 일어나니, 자주 발생한다면
스스로의 전반적인 컨디션과 일정을 체크해보고 충분히
쉬어주시면 좋겠습니다.

자리가 있어야 발을 뻗지: 공간 정리

체계화, 구조화가 어려운 ADHD인들은 본인이 생활하고
일하는 공간의 물건과 가구들을 배치하고 이를 유지하는
것이 쉽지 않습니다. 게다가 새롭고 신기한 물건들을
좋아하는 분들이 많고, 필요없는 물건을 나누거나 버리는
절차를 아예 시도하지 못하기도 하죠. 거기에 더해
물건을 찾기 힘들었던 경험 때문에 사용하지 않는 물건을
쉽게 버리지도 못하고 예비 물품을 쟁여두기까지 합니다.
　문제는 이렇게 물건이 많아지고 정리정돈도 안 되면
이것이 또 ADHD인의 주의력과 집중에 안 좋은 영향을

준다는 것입니다. 업무 공간에서 서류와 용품들을 정리해 시야에 들어오는 물건의 숫자를 줄이고, 색감을 조절하는 것만으로도 생산성이 좋아졌다는 ADHD인들의 경험담도 많습니다. 유럽 할머니의 사랑방 같은 분위기를 좋아하는 취향이라도 물건이 적고 깔끔한 선방 같은 인테리어가 집중에 도움이 되는 경우도 있다는 것이지요.

　동반되는 무기력, 우울감, 강박 등이 겹쳐지면 방에 물건과 쓰레기가 여러 겹으로 쌓여 손대기 어려운 경우도 적지 않습니다. 이럴 때는 지인이나 청소업체의 도움을 받아 청소를 하셨으면 좋겠습니다. 많은 분들이 이런 상태가 된 것에 수치심을 느끼고 이것만은 스스로 치우고 싶다며 타인의 도움을 받지 않으려 하거든요. 이럴 땐 가장 큰 쓰레기봉투를 사서 봉투를 가득 채워 공간을 비워보기를 권합니다. 방바닥이 드러나고 버릴 물건들을 다 들어내는 작업이 1~2주 사이에 가능했다면 혼자 청소할 수 있는 상황이니 계속 시도해보시면 됩니다. 그런데 열심히 노력해도 이 작업이 2주간 절반도 진척이 안 되었다면 혼자 해결하기는 힘든 상황이에요. 이럴 때는 더 이상 망설이지 말고 타인의 도움을 받으면 좋겠습니다.

ADHD인들은 자각하지 못해도 환경의 영향을 많이 받는 편이어서, 주변이 정리되고 쾌적해지면 기분이 나아지고 실행 기능도 향상되거든요. 공간은 중요합니다. 정리정돈, 물건 관리, 청소 등 자신 없는 분야는 적극적으로 타인의 도움을 받으세요. 전혀 부끄러운 일이 아닙니다.

내가 쉬는 건 추진력을 얻기 위해서다: 계획은 휴식부터

ADHD인들은 무기력하기도 하지만 재미있어 보이는 것에 귀가 펄럭거리기도 하고 충동적으로 프로젝트 참여를 결정하기도 합니다. 상당히 이타적이고 공익적이기 때문에 활동이나 봉사에 자원하기도 하고, 또 한번 시작하면 쉼 없이 몰두하기도 합니다. 하지만 주로 귀납적으로 일을 하기 때문에 충분한 자료와 영감이 차올라 첫 업무를 시작할 때까지 시간이 너무 오래 걸리기도 합니다. 잘하고 싶은 부분에 과도한 시간을 들이기도 하면서 완성이 어려워질 때도 있고요. 좋은 뜻으로 시작한 일인데 끝이 안 나서 남들에게 미안해지기도 하고, 꼭 필요한 휴식 시간까지 사용해서 겨우 끝내느라 컨디션이 망가지기도 해요.

그래서 ADHD인들은 프로젝트를 시작하거나 일상 계획을 세울 때, 업무보다도 쉬어야 하는 시간을 먼저 정하고 이를 지키는 것이 필요해요! 업무 계획은 사실 쉬기 위해 세우는 것이라 해도 과언이 아닙니다. 잘 쉬어야 동기와 컨디션을 유지해 과업을 균일한 완성도로 끝까지 해낼 수 있거든요. 커리어가 빈틈없이 짜여져 일직선일 필요는 없어요. 간혹 마음속 드론을 띄워 내가 걸어온 길과 앞으로 하고 싶은 활동의 방향을 점검하는 것이 필요합니다. 그래야 솔깃한 제안이 왔을 때라도 나의 방향성과 맞지 않다고 판단되면 자신있게 거절할 수 있습니다.

고양이에서 사람으로: 근미래 상상

ADHD인은 고양이입니다. 무슨 얘기냐고요? ADHD인에게 시제는 딱 두 가지거든요. 지금과 지금이 아닌 때. 한 시간 후의 일이라 해도 '미래는 아직 안 왔는데 왜 지금 준비해야 하지?' 이런 느낌이 강하게 드는 거죠. 그래서 어떤 일을 시작하기가 힘듭니다.

　예를 들어 어제 프로젝트를 마감한 당신은 따뜻한
침대에서 그동안 못 본 쇼츠와 SNS를 보며 즐거운
시간을 보내고 있어요. 두 시간 뒤에는 집에서 50분 정도
걸리는 성수동에서 친구와 만날 약속이 있습니다. 지금쯤
슬슬 씻고 나갈 준비를 해야 약속 장소에 여유 있게
도착할 수 있을 듯해요. 그런데 정말 몸을 일으키기가
힘듭니다. 5분만 있다가 일어나기로 결심하죠. 어느새
7분이 지났습니다. 음, 동영상 두 개만 보고 일어나서
씻기로 합니다. 그런데 ADHD인 당신의 뇌는 뭔가를
시작하기 위해 동기를 불러일으키는 힘이 약해서
자꾸만 시작을 지연시킵니다. 한편으로 지금의 만족은
포기하기가 힘듭니다. 이걸 어려운 말로 '지연 보상
기울기가 가파르다'고 하는데요, "지금 7,000원 받을래,
오늘 저녁에 10,000원 받을래?" 했을 때 ADHD인은
지금의 7,000원을 훨씬 선호한다는 겁니다. 그래서
침대에서 쇼츠를 보는 현재의 만족을 지연시키기 어렵기
때문에 친구를 만나러 가는 준비의 시작을 지연시키는
겁니다. 왜 만족은 지연시키지 못하면서 시작은

미루냐고요?

　원래 우리의 전전두엽은 우리가 어떤 계획을 세우고
실행하기 좋도록 마음속 시간 여행을 떠나게 해줍니다.
지금 이 일을 하기 싫지만, 이 일을 했을 때 받을 보상을
상상하고, 안 했을 때 받게 될 손해를 그려보면서
실행할 수 있는 동기와 의지를 얻게 하는 거죠. 그런데
전전두엽의 활성도가 낮은 ADHD인들은 이런 심금을
울리는 근미래 상상이 어렵습니다. 지금 일어나지 않으면
시간이 촉박해 가는 내내 초조하고 힘들 것이고, 늦으면
친구가 화를 내겠지만 그 일이 와닿지 않는 거죠.

　그러나 여러분, 노력하면 조금씩 느는 것이 바로 이
근미래 상상 능력입니다. 지금 일어나서 모자 쓰고 옷
입고 나가서 친구보다 먼저 카페에 가서 여유있게 계절
굿즈를 구경하면 재미있겠지? 내가 먼저 와있으면
친구가 엄청 놀라고 좋아하겠지? 이 장면과 감정을
반복해서 시뮬레이션하며 느껴봅시다. 지금 당장,
타임머신에 탑승해봅시다.

먹는 것도 연습이 필요해: 식사 관리

음식과 애증의 관계인 ADHD인들이 꽤 있습니다. 앞에서 이야기한, 만족을 지연시키기 어려운 쾌락 추구 성향과 충동적인 성향으로 인해 군것질이나 야식을 조절하기 힘들어하는 경우가 꽤 있어요. 어떤 경우는 상태 전환 능력이 약해서 한번 먹기 시작하면 배가 불러도 눈앞에 음식이 있는 한 계속 먹기도 합니다. 또 외롭거나 불안할 때 본인의 감정을 잘 느끼지 못하고 억압하면서 방어기제로 음식을 계속 먹거나, 음식 배달을 많이 시키기도 하고요. 배달을 받기도 전에 그 음식에 대한 욕구가 떨어지기도 합니다.

근미래 상상력이 약하니 '지금 식사를 안 하면 이따 배고프겠지, 몸이 약해지겠지, 지금 두 그릇 먹으면 체하겠지'를 머리로만 생각하지 가슴으로 느끼지 못해요. 그래서 뭔가에 열중하면 식사를 거르고, 마음에 드는 음식은 2인분을 먹는 등 위장과 대사 질환에 좋지 않은 몰아 먹기 식사를 합니다.

일단 천천히 먹으면서 맛과 포만감을 충분히 인지하세요. 그리고 적정한 시점에 그만두는 연습을 해보세요. 하루 루틴에 식사 시간과 내용도 정해두고 아주 배가 고프지 않아도 적정량을 규칙적으로 드시는 것이 좋습니다.

잘 되면 내 덕, 안 되면 환경 탓: 환경 조절

이렇게 스캐폴딩 세우는 연습을 하다 보면 특히 안 되는 부분이 있을 겁니다. 이럴 땐 익숙하게 자책과 자기 비난으로 가기 쉬운데요, 그러지 마세요. 실행하지 못한 내 의지력을 탓하지 말고, 더 쉽게 더 자연스럽게 그 일을 해낼 환경과 보상을 마련하지 못한 코치를 탓하십시오. 그리고 무언가를 할 수 있게 유도하는 옆구리 찌르기 기법, 넛징(nudging)을 활용해서 다시 시도해보세요.

　일조 시간이 줄어드는 겨울에는 아침에 눈을 뜨더라도 일어나지 못하고 침대에서 몇 시간이나 스마트폰만 보게 된다고 호소하는 ADHD인이 많아요. 이럴 땐 의지를 키우려고 애쓰지 마세요. 대신 환경을 조절해보는 겁니다. 아침에는 방 온도를 너무 낮지 않게 설정하고, 침대에서 나가자마자 걸칠 카디건이나 털 실내화를 바로 옆에 마련해두세요. 그리고 냉장고에는 좋아하는 아침

식사나 간식을 미리 준비해두세요. 이걸 가지러 가기 위해서라도 일어나도록 세팅하는 것이죠.

아무리 노력해도 집 정리를 위해 소파에서 일어나기가 어려운 ADHD인을 위해서는 퇴근 후 자리에 앉기 전의 3분 청소를 추천합니다. 현관에 들어서면 가방만 내려놓고 외투도 벗지 말고 바로 창문을 열고 타이머를 맞춥니다. 주어진 시간은 3분, 최대한 빨리 많은 것들을 정리합니다. 기분이 좋아졌다면 외투를 벗고 청소기까지 돌릴 수 있을지도 몰라요. 그렇지 않더라도 일단 바닥에 널려있던 배달 용기를 치웠으니 만족입니다.

글을 쓰거나 과제를 하다가 다음 날 이어서 시작할 때 많은 시간이 소요되는 분들을 위해서는 일일 드라마 작가 못지않은 절단 신공을 추천합니다. 열심히 쓰다가 오늘 분량을 마무리할 때 그 챕터나 문단을 완전히 마무리 짓지 말고 애매한 부분에서 멈추는 겁니다. 다음 날 그게 마음에 걸려서 바로 시작할 수 있도록요. 물론 까먹으면 안 되니 옆에 키워드는 적어두셔야겠죠?

진실은 때로 잔인하니까: 대인 관계의 전략

대인 관계에 서툴고 상처를 받는 ADHD인들이 많습니다. 다른 사람들과 본인이 많이 다르다고 느껴져서 고독감을 느끼기도 하고요. 미묘한 '싱크로 능력'의 저하로 인해 '단톡방에서 왜 내가 말하면 순간 조용해지지?'라고 생각하는 분들도 있어요.

ADHD인들은 대인 관계에서 지나칠 정도로 솔직하고 진정성을 추구합니다. 대인 관계 상황에서 느끼는 감정의 진폭도 큰 편이에요. 분위기의 흐름은 잘 못 읽을 때가 있지만 타인이 나를 이상하게 보거나 거부하는 것은 귀신같이 알아챕니다. 비즈니스 관계나 이미지 관리가 필요한 학부모 모임 등에서는 계획성이나 예측력, 전략이 부족합니다. 나는 그저 솔직하게 있는 그대로의 나를 보여주고 싶고 진심으로 대하고 싶은데, 상대는 포커를 치듯이 정보를 일부만 드러내고 이미지 관리를 합니다. ADHD인들은 이런 피상적이고 표피적인, 진심이 없는 인간관계에서 환멸을 많이 느끼기도 합니다.

나는 내 패를 숨기기도 싫고 갑갑해서 숨기기도 힘들죠. ADHD인들은 주로 자신의 패를 테이블에 쫙

펴서 '나는 이런 패야! 어디 한번 해볼까!' 하면서 게임을
시작하지요. 그런데 진심과 전략 없음은 다릅니다.
가끔은 사업의 성공, 커리어 관리, 리스크 관리 등의
실용적인 이유로 어느 정도의 경계와 전략을 가지고
임하는 것이 좋아요. 속내를 너무 빨리, 너무 많이
내보이면 누군가에게는 조심성이나 신중함이 부족한
사람으로, 누군가에게는 속이기 쉬운 '호구'로 보일 수도
있으니까요. 어디서든 진솔한 인간관계가 가장 좋지만,
진심은 소중한 자원이므로 이를 감사히 받고 되돌려줄 수
있는 사람에게만 보여주면 좋겠습니다.

② 달성하기 쉬운 목표부터 시작하기

▶ 운동을 시작해서 크로스핏 대회 일등할 거야! X
▶ 운동을 시작하자, 운동화 신고 나가는 것부터! O

ADHD의 치료 목표는 '완벽한 인간'이 되는 것이
아닙니다. 사실 완벽한 인간이란 애초에 존재하지
않고요. ADHD는 관리하며 함께 살아가는 질병이라는

점을 잊으면 안 됩니다. 종종 철저하고 강박적인 상사와 ADHD 팀원이 만나기도 하고, 엄격한 통제형 부모와 ADHD 자녀가 만나는 경우가 있습니다. 사실상 최악의 조합이라고 볼 수 있습니다. 이런 관계에서는 서로가 정말 힘들어지는 일이 많겠지요. 안타까운 것은 이러한 조합을 우리가 자유롭게 선택할 수 있는 게 아니라는 점입니다. 서로가 많은 노력이 필요하겠지만 환자 본인도 상대가 기대하는 완벽한 상태로 변화할 수 있다는 믿음에 사로잡히지 않아야 합니다.

'매일 지각했었는데 월요일, 수요일만이라도 정시에 출근해보자, 열 가지 할 일 중에 한 가지밖에 못했다면 앞으로는 한 가지만 더 해보자, 이번 주에는 적어도 두 번은 운동화 신고 조금이라도 나가보자' 하는 식으로 현실적으로 실현 가능하고 낮은 수준의 목표를 설정하는 게 좋습니다.

이런 생활 습관은 일종의 트레이닝과 같습니다. 체력이 매우 약한 사람이 규칙적인 생활을 하고 영양제 먹으면서 조금 건강해졌다고 해서 어느 날 갑자기 크로스핏 선수가 될 수는 없어요. 뛰는 것도 제대로 못했던 사람은 걷기부터 시작해서 빠르게 걷기 수순으로 단계적인 단련을 해야 합니다. 어느 날 차범근이 와서 코칭을 한다 해도 조기축구회 회원이 갑자기 국가대표 축구 선수가 될 수는 없겠지요. 약물의 도움을 받았더라도 처음부터 ADHD가 없었던 사람처럼, 혹은 그 이상으로 드라마틱하게 개선될 것이라 기대하고 무리한 목표를 설정하지 않도록 하셔야겠습니다. 하지만 나아질 것입니다. 다만 한 걸음씩만 가세요. 갑자기 뛰려고 하지 마세요.

③ 동선과 루틴 만들기

▶ 되는 대로 하자! X

▶ 미리 만들어둔 동선대로 하자! O

ADHD인들에게 중요한 것이 바로 자신만의 동선을 만들고 일상의 루틴을 만드는 것입니다. 주의력이 떨어져서 벌어지는 모든 일들은 보통 사람들이 보기에는 너무나 사소하거나 일상적인 일이라 왜 실수하는지 이해가 잘 안되는 것이죠. 이러한 실수를 줄이려면 작은 일이더라도 자신만의 습관을 만드는 게 중요합니다.

에어컨을 껐는지, 가스 밸브를 잠갔는지, 차 키를 챙겼는지 집을 나서기 전에 꼭 확인해야 할 것들이 있다면 현관에 메모를 붙여두세요. 나가기 전에 한 번이라도 확인을 하면 신발을 신을 때까지도 잊고 있었던 것들이 떠오를 겁니다. 지각하는 횟수를 줄이고 싶다면 아침 루틴을 만드는 것도 좋습니다. 일어나는 시간을 정했으면 '몇 시부터 몇 시까지 머리를 감고 욕실에서 나와 화장대 앞에서 바로 머리를 말릴 수 있도록 드라이어와 빗을 잘 보이는 곳에 두고 뒤를 돌아 옷장을 열고 몇 분까지 옷을 입고 가방을 챙기고 현관으로 나가 신발을 신고 마지막으로 현관의 메모를 보고 에어컨과 가스 밸브, 차 키를 확인한다.' 이렇게 순서를 정해놓고 현실적인 소요 시간도 계산해두면 매일 이 순서를 지키는 것만으로도 중간에 뭔가 하나를 빼먹는 걸 예방할 수 있습니다. 순서가 몸에 익을 때까지는 순서를 눈에 보이는 곳에 붙여놓고 중간중간 현재 시간과 소요 시간도 확인하면 중간에 딴생각이 나거나 갑자기 행동이 느려지는 일도 줄일 수 있어요. 사소한 것도 계획하고 실행하기 어려우니 주변 환경을 확실하고 간편하게 만들어놓는 것이 중요합니다. 몇 가지 원칙을 꾸준히 몸에 익혀 '어떻게든' 해낼 수 있게 연습하는 것이 큰 도움이 됩니다.

④ 시간은 언제나 최대치로 계산하기

▶ 어떻게든 제시간에 도착하겠지! X
▶ 온 우주가 나의 길을 방해하고 있다! O

ADHD인들의 시간 개념은 비현실적이어서 등교나 출근, 약속 시간을 잘 지키지 못하곤 합니다. 홍대입구역 9번 출구에서 친구와 만나기로 했다면 휴대폰 앱으로 길 찾기 기능을 실행해봅니다. 집에서부터 홍대입구역까지 42분이 걸린다고 나오네요. 보통 사람들은 42분 예상이라고 하면 적어도 한 시간 전에 출발하겠지요. 하지만 ADHD인들은 정확히 42분 전에 집에서 나가면 되겠다고 생각해버립니다. 그런데 사실 그마저도 못 지키는 경우가 많아요. 보통 29분 정도 남았을 때 5분 정도는 단축할 수 있지 않을까 하는 헛된 기대와 함께 다급히 출발합니다.

집에서 나가 엘리베이터를 기다리고 아파트 단지에서 버스 정류장까지 걷는 시간, 버스를 기다리는 시간, 버스에서 내려 지하철역까지 걷는 시간, 다시 지하철을 기다리는 시간, 지하철역에서 출구까지 나가는 시간을 고려하지 않는 겁니다. 교통수단 사이의 이동 시간을 고려하지 않고 모든 교통수단이 제시간에 착착 온다는 것을 가정하고 움직이는 것이죠. 하지만 세상은 결코 그렇게 흘러가지 않거든요.

코앞에서 버스를 놓칠 수도 있고, 어느 집에선가 이사를 하느라 엘리베이터가 올라오기까지 한참 걸릴 수도 있습니다. 퇴근 시간이 다가와 차가 엄청나게 막힐 수도 있고, 지하철이 연착되어 평소보다 두 배의 시간을 기다려야 할 수도 있습니다. 당연한 거 아니냐고요? 그렇게 생각한다면 다행입니다.

하지만 ADHD인들은 이런 예측이 어려워 시간 약속을 제대로 지키지 못하게 됩니다. 비현실적인 시간 개념을 바꿔야 합니다. 3시까지 홍대입구역에 가야 한다면 약속 시간을 2시 반이라고 생각하세요. 아무리 애써도 정확히 42분 전에 출발하게 되는 걸 고칠 수가 없다면 스스로 약속 시간을 당겨보는 겁니다. 이 순간에는 세상이 나를 전혀 돕지 않을 것이라는 비관적인 생각을 해버려도 좋습니다. 엘리베이터가 고장 나 있을지도 모르고, 버스는 제시간보다 늦게 올 것이고, 지하철역에는 사람이 몰려 다음 열차를 타야 할지도 모른다는 가장 최악의 상황을 가정하고 외출 준비를 해보세요. 그 순간만큼은 조금 비관적인 사람이 되어도 좋습니다. 늦어서는 안 되는 중요한 약속들(면접, 어려운 어른들과의 약속, 공적인 회의 등)에는 온 우주가 나의 도착을 방해하고 있다고 가정하고 이에 맞서는 용사처럼 전날부터 준비를 해두고 일찍 길을 떠나기를 추천합니다.

⑤ 쇼핑할 때는 장바구니부터 채우기

▶ 고민은 배송을 늦출 뿐! X
▶ 안 사면 100% 할인! O

ADHD인은 쇼핑 중독에 빠지기도 합니다. 새롭고
신기한 것을 좋아하는 성향과 조절하기 어려운 충동성
때문이기도 하고, 뇌 보상 시스템의 민감도가 대체로
낮기에 만족을 위해 점점 더 큰 자극이 필요하기
때문이기도 합니다. 많은 ADHD인들이 돈 문제로
어려움을 겪습니다. 일단 계획을 세우기 힘들어 돈
관리가 어렵습니다. 내가 한 달 생활비로 얼마를 쓰는지
가늠하고, 고정비로 나가는 공과금을 책정하고, 저축할
수 있는 돈은 얼마나 되는지 예측해서 월급을 관리해야
하는데 이들에게는 결코 쉽지 않은 과정입니다.

쇼핑 중독에 빠지면 순식간에 월급을 탕진하고 때론
카드값에 허덕이며 빚을 지기도 합니다. 이런 상황에서도
쇼핑을 멈출 수 없어 습관적으로 인터넷으로 주문 버튼을
누르는 사람들이 많습니다. 의지만으로 구매욕, 수집욕을
참는 것은 쉽지 않습니다. 아예 쇼핑용 체크카드와
연결된 통장에 그달 정한 금액만 넣어두고 소비하는
것이 더 도움이 됩니다. 하지만 업무에 지쳤을 때 꼭
필요하지는 않지만 영감을 주거나 아름답거나 독특한
물건을 구경하는 행위는 위로가 되기도 하지요. 그럴 땐

이렇게 해보면 어떨까요? 마음에 드는 상품을 발견했을 때 '구매하기' 버튼 옆에 있는 '장바구니' 버튼을 누르는 거죠. 일단은 장바구니에 담아둡니다. 계속 쇼핑을 하고 싶다면 계속해서 다른 물건을 둘러보세요. 또 원하는 게 보이면 장바구니에 담아두세요. 그리고 이때 ADHD의 주의력 결핍 능력(?)을 발휘하세요. 나의 흥미를 끄는 게 있지 않은지 잠시 주변을 살펴보세요. 아까 보다가 중단한 넷플릭스 드라마가 일시 정지 상태로 있나요? 그럼 드라마를 보세요. 말라 죽어가고 있는 반려 식물이 보이나요? 그럼 당장 일어나서 물을 주세요. 쇼핑에서 다른 곳으로 주의를 전환하면 여러분은 금방 쇼핑하던 것을 잊게 됩니다. 다행입니다. 결제는 하지 않았거든요.

어느 날 다시 인터넷쇼핑 사이트에 들어갔다가 장바구니에 담긴 물건을 발견할 수도 있겠지요. 그러니 하루만 결제를 미뤄보세요. 얌전히 담겨있으니 내일도 사고 싶은 마음이 든다면 그때 결제를 해도 늦지 않습니다. 그런데 몇 개는 이미 반짝임을 잃어버렸을 수도 있습니다. 어떤 날은 구매 욕구가 사라져버리기도 합니다. 그렇게 한 달에 5만 원 쇼핑 덜 하기에 성공할 수 있습니다.

⑥ 가끔은 즉흥적 영감을 즐기기

많은 것을 교정하고 개선해야 한다고 생각하면 벌써부터 답답하고 숨이 막히지요? 그럴 수 있습니다. 이제 조금 숨을 돌려보도록 합시다.

　ADHD를 가진 분들은 (모두 그런 것은 아니지만) 충동성을 조절하기 어려운 편입니다. 제어되지 않는 충동성 때문에 때론 하지 말아야 할 말을 해버려서 분위기를 싸하게 만들고, 필요 없는 물건을 뭔가에 홀린 듯 사버리기도 합니다. 신호를 기다리지 못하고 액셀을 밟았다가 교통법규위반 과태료를 물기도 하고, 생각이 손을 앞서서 보고서에 중요한 정보를 누락하는 실수를 하기도 합니다.

　나의 충동성 때문에 손해를 보고 민폐를 끼치는 일들을 생각하면 무척 괴롭지요. 하지만 여러 번 강조했듯이 완벽하게 개선하려 하지 않아도 됩니다. 또한 ADHD의 충동성 덕분에 남들은 하지 못하는 경험을 할 수 있다는 장점도 떠올려보세요. 가끔은 나의 충동성에 편승해 새로운 시도를 해보는 것도 좋습니다.

계획성이 철저한 친구와 ADHD 친구가 함께 여행을 간다면 자칫 최악의 우정 파괴 여행이 될 수도 있겠습니다만, 한편으로 ADHD는 계획이 어긋나도 크게 동요하지 않기 때문에 친구의 계획과 실행에 의지해 즐거운 여행을 할 수도 있습니다. 친구가 오늘은 A명소를 가보자고 결정해서 함께 갔지만 생각보다 별로일 수도 있어요. 그런데 지나가다가 내가 저기 한번 들어가보자 해서 간 곳이 끝내주게 좋은 장소일 수도 있지요. 모든 계획이 좋은 결과만을 보장하는 것은 아니니까요.

이렇게 남들은 예측하지 못한, 아니 본인도 예측을 하며 저지르는 건 아니지만 ADHD의 충동성과 직관을 발휘해 가끔은 저질러보는 겁니다. 그랬을 때 재미있는 경험을 한다면 친구들도 앞으로 여러분의 갑작스러운 제안을 은근히 반기게 될지도 모릅니다. ADHD의 특징들이 증상의 측면이 있다 해도 그것 역시 여러분의 삶이고 일상입니다. 너무 모든 것을 부정하고 교정하려고 하지 마세요. 누구나 삶에는 기쁨과 슬픔과 행복과 고통과 낙관과 비관이 공존한다는 것을 기억하세요.

⑦ 운동, 가슴 뛰게 하기

요즘 진료실에서 이런 질문을 많이 합니다. "가슴이 뛰어본 적이 언제인가요."

가슴이 두근거리는 꿈을 가지라는 말이 아니고요, 가슴이 뛸 정도의 신체 활동을 하루에 몇 분이라도 꼭 해야 한다는 이야기입니다.

운동은 우울감, 불안, 기억력 저하, 주의력 저하 등의 모든 정신건강 문제에 큰 도움이 됩니다. ADHD 환자는 전전두엽에서 소뇌에 이르는 인지 조절 네트워크의 기능이 떨어진다고 하는데, 전전두엽은 운동을 통해 긍정적으로 강화되기 쉬운 부위입니다. 또한 근육 움직임과 몸의 균형뿐만 아니라 뇌 전체의 정보 흐름, 활성도의 균형과 리듬을 조율하는 소뇌도 운동을 통해 자극되고요. 운동을 통해 ADHD 뇌에서 특히 활성도가 떨어진다고 알려진 도파민과 노르에피네프린이 활성화되는 것도 주목할 부분입니다.

물론 쉬고 싶고 편하게 있고 싶은 현재의 쾌락을 버리고 운동하기 위해 몸을 일으키는 게 쉽지는 않습니다. 그러나 꼭 본격적인 운동이 아니더라도, 내

심장이 평소보다 빠르게 뛰어 혈액 순환을 활발하게 하고
뇌로도 산소와 영양소를 보낼 수 있다면 오케이입니다.
음악을 틀어두고 막춤을 추거나, 몸을 흔들며 집안일을
하거나, 계단을 올라가보세요. 꼭 하루에 3분 이상,
가슴이 뛰게 해주세요. 운동을 통해 단련된 몸과
마음으로, ADHD인들은 본인이 원하는 재미있는 일에
좀 더 열정적으로 매진할 수 있을 겁니다. 제가 늘
말하는데요, 규칙적인 일상은 우리가 진정 자유롭게
불규칙하기 위한 바탕이 됩니다. 가슴 뛰는 일을 원 없이
하기 위해, 매일 가슴이 뛰도록 움직이고 운동하세요!

**ADHD를 가진 사람들, 혹은 아직
치료하지 못해 어려움을 겪는 사람들,
ADHD인을 동료, 친구, 가족으로 두고
있는 사람들에게 마지막으로 꼭 해주고
싶은 말이 있을까요?**

ADHD인에게는 분명 개성과 강점이 있어요. 물론 그들 스스로 강점을 먼저 생각하기는 어려울 겁니다. ADHD의 특성은 상당히 모순적이어서, 그 특성들이 태도의 문제로 여겨지고 주변의 숱한 비난에 시달리며 스스로도 본인의 노력을 의심해왔기 때문이지요. 전반적으로는 주의력이 부족하지만 관심 있는 것에는 누구보다 몰입하는 과집중을 보이고, 하염없이 일을 미루지만 발동이 걸리면 초인적인 힘으로 단 10분 만에 해치워버리기도 합니다. 충동적이고 고집이 세지만 한편으로 대단히 독창적이고 유연하며, 대인관계에서 미숙한 부분이 있지만 인류애가 크고 공감 능력이 뛰어난 일면도 있습니다. 그러니 스스로도 자신을 종잡을 수 없고 믿을 수 없다고 느낄 수 있어요.

누구에게나 양면성이 있습니다. 어떤 특성이든 밝은 면과 어두운 면이 있지요. 성인 ADHD를 가진 사람들은 특히 어두운 면으로 자신을 바라보던 시간이 길었을 겁니다. 우리 사회의 속도와 상황에 싱크를 맞추기가 어려우니 주로 어두운 면에 대한 피드백을 많이 받아왔기 때문이죠. 아마도 많이 지쳐있거나 마음이 다친 분들이 많을 거예요.

의심 씨와 저는 지금까지 ADHD를 이해하기 위해 긴 대화를 이어왔지요. 우리는 왜 ADHD를 이해해야 할까요? ADHD라는 질환에 대한 이해가 꼭 환자에게만 필요한 것은 아니기 때문입니다. ADHD인의 지치고 꺾여버린 마음을 다시 일으키려면 가까운 사람들의 인정과 수용이 정말 중요합니다. 이들이 가진 에너지와 밝은 면에도 조명을 비춰주세요. 그 빛은 ADHD인 자신도 몰랐던 재능과 장점에 가 닿아 더 크게 반사되고 퍼져나갈 겁니다. 다정한 이들의 격려와 인정이 이어진다면, 그들은 더욱 효과적으로 자신의 마음과 삶을 돌볼 수 있을 거예요.

그리고 ADHD인 여러분. 여러분은 다른 사람들과 조금 다른 방식으로 느끼고 행동한다는 이유로 타인에게 받아들여지지 못하고 인정받지 못한 채 살아온 시간들이 길었지요. 저는 여러분이 그런 스스로를 먼저 이해하고 받아들여주었으면 좋겠습니다. 스스로를 용서하고,

보듬고, 토닥여주세요. 여러분은 수많은 어려움에도 불구하고 삶에 필요한 것들을 익히기 위해, 그리고 주변과 연결되고 세상에 기여하기 위해 노력해온, 회복탄력성이 뛰어난 사람들입니다. 독특함, 창의성, 유머와 함께 느긋하게 나아가세요. 나에 대해 설명하고, 스스로를 보호하고, 필요한 것은 당당하게 요청하세요. 내가 가장 빛을 낼 수 있는 곳, 가장 편안하고 행복할 수 있는 곳으로 용기 있게 나아가시면 좋겠습니다. 설사 잘하지 못한다 해도 들쭉날쭉 나만의 리듬으로, 불규칙 바운드로 어떻게든 살아가면 됩니다. 실수를 해서 스텝이 꼬여도 포기하지 않으면, 그것이 탱고입니다. 그것이 인생입니다.

○

환자 S

내가 어릴 때부터 에너지를 더 효율적으로 썼더라면 더 많은 일을 할

수 있었을 거라는 생각이 저를 괴롭히기도 해요. 맨날 딴생각하고

망상 수준의 생각을 하기도 하고 남들은 그냥 넘길 수 있는 일인데도

나는 갑자기 뭔가에 꽂히면 혼자 땅 파고 들어가고⋯. ADHD 약을

먹고 치료를 하면서 삶의 질이 좋아지기도 했지만 진작 알았다면, 어릴

때부터 진단을 받고 치료했다면 완전히 다른 인생을 살 수도 있었을

텐데, 하는 후회와 원망이 들어요.

가끔 ADHD가 너무 미화되고 신화화되는 건 아닐까 우려스럽기도

해요. 뭐 '유명하고 잘난 사람들이 ADHD라더라' 하면 '아, ADHD는 괴짜 같은 천재인가 보다' 하는 식의 이미지가 생기는 것 말이에요. 스티브 잡스가 아무리 성격이 개차반이라도 괴짜 같은 천재라고 추켜세워지니까 ADHD라는 사실도 되게 미화된다는 생각이 들어요. 사실 대부분의 ADHD 환자는 천재도 아니고 그냥 환자일 뿐이에요. 자폐인에게 드라마 주인공 '우영우' 같은 특출난 천재성이 없으면 '넌 자폐인인데 왜 잘하는 게 없어?' 하는 의구심을 갖는 것처럼, '넌 ADHD인데 왜 천재가 아니야?' 하는 이상한 프레임에 갇히는 것 같아요. 뭔가 이중적으로 차별을 받는 느낌이랄까요.

그렇지만, 그럼에도 ADHD에 대해서는 더 널리 알려져야 한다고 생각해요. 일단은 유명한 사람들부터 이야기를 시작해야 대중의 관심이 모이니까요. 공황장애라는 병도 연예인들이 방송에서 너도나도 고백하기 전까진 정말 거의 몰랐던 병이잖아요. 그런데 자꾸 방송에서 언급되고 사람들이 궁금해하고 정보가 알려지면서 공황장애라는 병 자체에 대해 쉽게 접근하고 진단받고 치료할 수 있게 된 거라고 생각해요. ADHD 역시 스티브 잡스든 누구든 주목받는 이들의 케이스를 통해 널리 알려진다면, 저처럼 진단에서 가려졌던 사람들이 치료받을 수 있는 기회가 생기는 것 같아요. 'ADHD는 다

천재 아니야?' 하는 잘못된 편견 역시 무지에서 비롯된 거잖아요.

ADHD를 갖고 산다는 건 정말 힘들어요. 이건 진짜 병이에요.

Ahn's Comment: 오래 전부터 ADHD를 치료해오신 S님의 외로움이 느껴지는 이야기예요. 성인 ADHD에 대해서는 아직도 산만하다, 실수가 많다, 시끄럽다 등의 단편적인 모습만 알려진 정도지요. 전체적인 자기 조절, 자기 동기화, 실행 기능의 저하로 인해 무엇을 시작하거나 완수하기 어렵고 규칙적으로 살아가기가 힘든 전반적 고통을 좀 더 많은 사람들이 알게 되었으면 합니다. 그로 인해 많은 ADHD인들이 우울감, 사회불안, 강박, 자기 비난, 외로움, 무력감으로 힘들어한다는 사실도요. 뭘 해야 할지 알면서도 실행하기 어려운 이 질환의 특성 때문에 평생 '게으르다, 이기적이다, 자기 하고 싶은 것만 한다, 눈치가 없다'는 말을 들어온 ADHD인들이 다양한 책과 매체를 통해 알려져 지금보다 사회에 수용되고 안착할 수 있었으면 좋겠습니다. 기민하고 철저하지 못하다고 해도 다른 강점이 있고, 설사 강점을 찾지 못했다고 해도 심하게 비난받거나 크게 불이익을 받지 않는 세상이 되면 좋겠어요. 그리고 실행 기능은 오래 우울하거나 큰 스트레스를 받은 후에도 일시적으로 떨어질 수 있거든요.

여러 이유로 힘들었거나 아팠던 사람들이 빨리 회복되지 못하고 완벽한 효율이나 정확도를 내지 못한다고 해도 함께 살아갈 수 있는 세상이면 좋겠습니다. 그리고 인터뷰해주시는 내내, S님의 유머와 통찰력, 그리고 회복탄력성이 빛났다는 말씀 꼭 드리고 싶어요. 이 책을 만들고 엮는 데 S님의 말씀과 경험이 가장 큰 동기부여이자 힘이 되었다는 이야기도요. 이것만으로도 다른 ADHD인들에게 S님이 진단받았을 때는 찾기 어려웠던 좋은 롤모델과 길잡이가 되어주셨다는 점을 말씀드리며 감사를 표하고 싶어요.

환자 Y

저는 아직 ADHD '뉴비'예요. 진단을 받은 지 얼마 안 됐고 약을 먹은 것도 몇 주밖에 안 됐어요. 그래서 기대감도 있고 불안감도 여전해요. 변화를 직접 경험하니까 이 상태가 너무 반갑기도 하고, 내성이 생겨서 약의 효과가 떨어지면 어떡하나 두렵기도 하고요. 한편으로는 ADHD 증상들이 개선된다고 내 인생이 뭐 얼마나 크게 달라질까? 하는 의구심도 있어요.

ADHD를 고백하는 다양한 콘텐츠들을 보면, 대체로 무엇이든 어느 정도 성취를 이룬 사람들 같았거든요. 물론 그분들도 굉장히 힘든 시간을 보냈을 테지만 ADHD임을 드러내는 글이나 영상을 보면, 와… 글을 정말 잘 쓰시는구나, 말을 되게 잘하시는구나, 영상을 진짜 잘 만드신다, 저분은 되게 좋은 직장에 다니시네, 그런 생각을 하고 있는 나를 자주 발견해요. 나도 모르게 감탄하고는 스스로 너무 찌질하다고 생각하며 부끄러워해요.

ADHD가 나아지면 일상의 많은 부분들이 이전보다 수월하게 흐르고 스트레스 관리도 조금은 쉬워지겠지만, 그게 곧 내 인생이 나아질 거라는 보장으로 이어지나? 나는 저분들처럼 뛰어나게 잘하거나 성취를 이뤘다고 할 만한 분야가 없는데, ADHD가 치료되면 나는 어떤 상태가 되는 것일까? 그냥 썩은 쓰레기에서 일반 쓰레기가 되는 것 아닐까? 막 그런 생각이 드는 거예요. 이제 겨우 몇 주 약 먹었는데 벌써 이런 걱정부터 하고 있다니 나도 진짜 못말린다 싶어요.
그래도 일단은 좋아요. 특출난 능력은 없지만 약물 치료 덕분에 적어도 기본은 할 수 있는 사람이 될 수 있으니까요. 시간을 지키는 것, 사람들과 제대로 소통하는 것, 잠을 잘 자는 것, 방을 치우는 것, 물질 사용 중독들에서 벗어나는 것. 무릇 인간이라면 하고 살아야 하는 것들을 사람답게 할 수 있겠지. 우선 지금은 그런 생각으로 살아요.

Ahn's Comment: 수면 문제와 무기력 문제가 심한 ADHD인이 약물 치료가 잘 맞을 때 아침에 일어날 수 있고 몸이 덜 처지고 일상에 활력이 느껴지는 체감 효과가 크더라고요. 학창 시절 내내 졸리고 무기력했던 것이 병이었다니! 하며 그때부터 치료했더라면, 하고 안타까워하는 분들도 계시고요. 그런데요 Y님, 바로 지금이 ADHD 치료의 목표 설정을 해나가기 시작할 시점인 것 같아요. 치료 목표는 사람마다 다르겠지만 ADHD의 치료 목표가 '특출난 사람이 되자'는 아닐 거예요, 그렇죠? 그보다는 그동안 나는 기운 없고 기본적인 일상도 못 챙기는 사람이라고 비난하던 부정적인 자아상을 재구성하고, 어려움이 있음에도 지금껏 버티며 살아온 스스로를 인정해주는 것이 먼저겠지요? 그리고 나서는 Y님의 삶을 좀 더 평화롭고 안정적으로 만들어 갈 수 있도록 자기 돌봄을 위한 일상생활 기술들을 익히고 연습하시면 좋겠어요. 그러다 보면 Y님만의 직관과 안목, 호기심과 재기발랄함, 협업 능력과 정의로움이 어떤 장애물 없이 더욱 뚜렷하게 빛을 발할 거라고 생각해요. ADHD 치료를 통해 전보다 잘 통제할 수 있기에 역설적으로 더욱 자유로운 삶, 그거면 충분하지 않을까요? 이제 막 시작된 Y님의 치료 여정을 진심으로 응원합니다.

우리들의 대화방

산만한 의심 씨 긴 대화를 마친 소감이 어떠세요?

친절한 주연 씨 나름대로 최선을 다했는데 독자 여러분은 어떠실지
모르겠네요.

산만한 의심 씨 저는 정말 유익한 시간이었어요. 병의 존재와
특징을 알아야 자각할 수 있다는 말에 크게 공감했고요. 그래서
저도 결국 병원에 갔잖아요.

친절한 주연 씨 결과는 어땠나요?

산만한 의심 씨 거의 두 달여간의 상담과 검사를 거쳐 최근 ADHD 약 처방을 받았어요ㅎㅎ

친절한 주연 씨 역시 '혹시'가 '역시'였군요ㅎㅎ

산만한 의심 씨 사실 '내가 혹시?'라는 의심을 하긴 했지만 '아니야, 아닐지도 몰라'라는 생각이 조금 더 강했거든요. 그런데 친절한 주연 쌤과 이야기를 나누면서 '아무래도 맞는 것 같아' 쪽으로 많이 기울었어요. 처음에는 제가 ADHD인들을 조금 멀리 떨어져서 관찰하는 입장이라고 생각했는데, ADHD가 그렇게 단편적인 증상으로 이루어진 질환이 아니라는 걸 알게 되니까 저의 상태를 좀 더 면밀하게 들여다보게 되더라고요.

친절한 주연 씨 우리의 대화가 의심 씨 자신을 더 잘 알게 되는 계기가 되었네요. 이 책을 읽는 독자들도 우리의 대화를 접하면서 자신을 돌아보는 시간을 가질 수 있으면 좋겠어요.

산만한 의심 씨 사실 주치의 선생님께서 저는 우울장애와 불안장애도 있다 보니 ADHD와 구분이 무척 힘들다고 하시더라고요. 그래도 주연 쌤께 미리 이런 이야기들을 듣고 가서인지 진료받으면서 조바심이 나진 않았어요. ADHD는 원래 진단을 이렇게 하는 거구나 싶어서 차분히 기다렸고 주치의 선생님의 신중한 진단을 더 신뢰하게 되었지요.

친절한 주연 씨 　보람이 있네요! 처음엔 이 책 집필을 거절할
생각이었어요. 그런데 마침 그때 진료를 받으러 온 성인 ADHD
환자분께서 "선생님이 성인 ADHD에 대한 책을 써주면 좋겠어요"
하고 마치 책 제안을 받은 걸 알고 오신 것처럼 이야기하시는
거예요. 아, 운명인가… 하면서 다시 의심 씨에게 연락을 드렸죠.
저도 환자분의 응원 덕분에 의심 씨를 만나게 된 거네요.

산만한 의심 씨 　진짜 그 환자분, 절 받으세요. 덕분에 우리 만남이
성사된 거군요.

친절한 주연 씨 　출판을 위해 의심 씨를 만나고도 사실 많이
망설였어요. 제가 소아·청소년 정신건강의학과 전문의가
아니어서, 소아 ADHD 환자부터 충분히 진료하고 연구해본 경험이
있다고 생각하지 않은 것이 첫째 이유이고요. 또 국내에서 성인
ADHD 치료가 본격적으로 시작된 지가 10여 년밖에 되지 않아
국내 데이터가 많지 않은 상황에서 내가 책을 써도 될까, 그런
걱정도 있었어요. 그리고 저는 요즘 한창 번아웃증후군과 과로에
대처하자는 이야기를 하고 있는데, ADHD 치료에 대해 상세히
다루면 어쩐지 "ADHD가 있다면 이를 치료해서 더 효율적으로
열심히 살자!" 라는 권유로 들릴 수도 있을 같더라고요. 그렇게
되면 제 취지가 좀 모순이 되는 게 아닌가도 걱정이 되었어요.

산만한 의심 씨 　저는 반대로 생각했어요. 번아웃증후군을
다루는 선생님의 시각으로 성인 ADHD에 대한 관심을 균형

있게 이야기해줄 수 있으리라고 생각했거든요. 그래서 제안을
드렸지용!

친절한 주연 씨　　네, 그런 제안을 해주신 것에 지금은 정말
감사해요! 성인 ADHD에 대해 인지하고 이에 대한 대처법으로서
일상생활의 루틴 조절, 목표치 조절, 업무량 조절 등을 실행해야
하는데, 어떤 경우에는 오히려 목표 수준을 지나치게 높이 잡고
모든 것을 잘하려다가 번아웃증후군으로 발전되는 것을 예방할
수도 있겠다는 생각도 들었거든요.

산만한 의심 씨　　맞아요. 어찌 보면 ADHD와 번아웃은 맥을 같이
하는 부분이 있는 것 같아요. 결국 ADHD에 대한 관심도 생산성과
효율성에 대한 욕구에서 비롯되기도 했고, 번아웃증후군 역시
생산성 높은 '일꾼'으로 역할을 잘하려고 무리하다 보니 소진된
사람들이 겪는 문제잖아요. 좀 더 많은 사람들이 자신의 정신건강
문제를 돌아볼 수 있도록 하는 중요한 주제들인 것 같아요.

친절한 주연 씨　　그리고 이거 처음으로 이야기하는 건데요,
개인적으로는 저 자신도 몇 가지 가벼운 ADHD 증상을 갖고 있다고
생각하기 때문에, 이런 내가 책을 써도 되나 망설이기도 했습니다.
그렇다고 이 얘기를 안 하고 책을 쓸 수는 없다는 ADHD 경향성
특유의 진정성까지 마음에 차올라 몹시 부대꼈달까요….

산만한 의심 씨　　오히려 좋아요! 저도 제가 스스로 ADHD가 아닐까

의심을 하고 있었기 때문에 이 책의 질문자로서 아주 훌륭한 자질을 가졌다고 믿거든요ㅎㅎ 나도 혹시 ADHD일까? 두근두근. 맞으면 어떡하지? 두근두근. 저의 이런 호기심 가득한 마음이 저와 비슷한 많은 이들을 잘 대변할 수 있기를 바랐어요. 선생님도 약하게나마 ADHD 증상을 가지고 계시다고 하니 당사자들의 심정을 더 잘 이해하고 있었다고 믿어요.

친절한 주연 씨 그런 면이 있다고 감히 생각해요. 그래서 제가 진료하면서, 또 생활하면서 느낀 팁과 내용들을 열심히 다 모아서 풀어보았답니다.

산만한 의심 씨 독자분들이 저희의 이런 마음을 알아주셔야 할 텐데. 흐흐.

친절한 주연 씨 그리고 이 책을 읽으신 ADHD인이나 주변인, 또는 ADHD를 의심하는 분들이 본인의 증상이나 대처 노하우, 치료 경험 등을 덧붙이고 나눠주신다면 더 풍성한 이야기의 장이 되지 않을까 생각해요. 나중에 그러한 증쇄를 만들 수 있다면 좋겠어요. ADHD 모임답게 무척 산만하면서도 왁자지껄 재미있는 내용이 될 것 같아요.

산만한 의심 씨 와, 생각만 해도 혼란하고 정신없고 재밌겠다! (찡긋)

친절한 주연 씨　아 맞다, 감사할 분들!! 본인의 사례를 제공해주신, 늘 저를 성장시켜주시는 환자분들께 가장 큰 감사를 드립니다. 여러분 덕에, 그리고 여러분을 위해 이 책을 썼습니다! 20년 전 졸업한 제자에게 흔쾌히 추천사를 써주시고 책의 내용도 꼼꼼히 보아주신 반건호 교수님께도 정말 감사드립니다. 필요한 책이라고 말씀해주셔서 용기 낼 수 있었습니다. 그리고 수면에 대한 깊은 식견으로 도움말을 주신 도곡삼성마인드슬립의원 이경은 원장님, ADHD 전반에 대한 이해를 도와주신 정신건강의학과 전문의 선후배님들에게도 깊은 감사를 드립니다. 유머와 통찰이 가득한 책을 통해 성인 ADHD에 대한 인식을 높이는 데 기여해주신 정지음 님, 멀리서 감사드리고 있었는데 비장한 추천사까지 써주셨습니다. 두 배의 감사를 전합니다.

산만한 의심 씨　아닛, 이렇게 감사의 말씀을 혼자 해버리시다니! 그렇다면 저도! 소중한 이야기 나눠주신 ADHD 동료 여러분(이제는 동료다!), 정말 저의 큰절을 받으세요!(넙죽) 그리고 바보같은 저와 대화를 이어가주신 친절한 주연 쌤도 큰절 받으시고, 신중하게 진단하고 처방해주신 저희 동네 주치의 선생님도 큰절 받으시고, 마지막으로 나의 콘서타여 너도 큰절을 받아랏!

친절한 주연 씨　ㅎㅎ 아니 그런 식으로 콘서타 님을 숭배(?)하면 안 됩니다. 물론 후기를 위한 농담이겠지만 그런 발언은 의사의 직업병을 자극한단 말이에요.

그러고 보니 때로는 당연하고 때로는 기상천외하고 때로는 예리한 질문들로 저의 말문을 열고 탐구심을 자극하고 괜찮은 이야기들을 할 수 있게 이끌어주신 의심의 대가, 의심의 연금술사 김의심 님에게 가장 큰 감사를 드립니다. 의심 님의 ADHD 진단을 시작으로 이 책을 완성하는 과정 자체가 쉽진 않았죠. 천방지축 어리둥절 빙글빙글 돌아가는 ADHD 멀티버스에 탑승한 느낌이라 아직도 정신이 혼미하지만, 진심으로 즐거웠고 우리답게 행복한 날들이었습니다. 고마워요!

중년이 되어서야 본인이 ADHD를 가진 것을 알게된 한 여성이 쓴 시를 소개합니다. 제목은 〈엄마가 아셨으면 좋았을 텐데〉이지만 꼭 엄마를 향한 이야기는 아닙니다. 글쓴이를 사랑하고 보살펴주었으나 그의 내밀한 어려움을 파악하고 돕지는 못했던 주변인들에게, 어린 화자의 고통과 아쉬움을 담담히 전하는 시입니다. 당사자와 주변인들이 ADHD의 어려움을 이해하는 데 도움이 되는, 울림이 깊은 시이기에 함께 나눕니다.

엄마가 아셨으면 좋았을 텐데

메리 H.(Mary.H.)

엄마가 아셨으면 좋았을 텐데
내가 사실 아주 똑똑했다는 것을.
엄마가 아셨으면 좋았을 텐데
더 많은 관심이 필요했다는 것을.

엄마가 아셨으면 좋았을 텐데

수업 시간에

부끄러움과 굴욕을 당할 것이라는 생각에

두려움과 무서움으로 떨며

매일 어린아이가 되어

내가 학교에 갔던 것을.

엄마가 아셨으면 좋았을 텐데

가정에서의 나의 낮은 자존감과 신체적인 애정 결핍으로

결국 혼돈스러움이 만연하게 되었다는 것을.

엄마가 아셨으면 좋았을 텐데

언젠가는 나도 세상에서 경쟁하는 것이 필요하고

결혼이 나의 안전을 보장하는 것은 아니라는 것을.

엄마가 아셨으면 좋았을 텐데

자극과 달성 가능한 도전이 얼마나 절실히 필요했는지를.

(나에 대한 기대가 너무 낮았기 때문에

내가 도전을 좋아한다는 걸 깨달았을 때

나조차도 깜짝 놀랐어요!)

엄마가 아셨으면 좋았을 텐데

나의 욕구를 충족시키기에

내가 너무 민감하고 수줍어하며 부끄러웠다는 것을.

엄마가 아셨으면 좋았을 텐데

내가 쉽게 잠들거나 깨어날 수 없다는 것을,

내가 그것을 통제할 수 없다는 것을.

엄마가 아셨으면 좋았을 텐데

내가 계속해서 높은 IQ 테스트 결과를 받았음에도

낙제생들 반에 들어가야 했던 것이 얼마나 모욕적이었는지를,

결국 시도조차 하지 않게 만들었다는 것을.

엄마가 아셨으면 좋았을 텐데

친구가 한 명뿐이었던 것이

정상이 아니었고

다른 문제를 시사했을 수도 있었다는 것을.

엄마가 아셨으면 좋았을 텐데

지퍼를 채우지 않고,

단추를 틀리게 꿴 채

때론 도시락이나 책을 놓고

집을 나섰던 것이 신호였다는 것을.

엄마가 아셨으면 좋았을 텐데

내가 삶에 대한 호기심이 컸지만,

공립학교에서는

그것을 실현할 수 없었다는 것을.

엄마가 아셨으면 좋았을 텐데

나의 예술적이고 창조적인 능력이

중요했고

그러한 능력을 개발하도록 격려받았더라면

그것이 나를 지탱할 수 있었을 텐데.

엄마가 아셨으면 좋았을 텐데

내가 내 방을 정리할 수 없었던 것을.

우리가 지금 알고 있는 것을

엄마가 아셨으면 좋았을 텐데

엄마는 몰랐어요. 엄마는 최선을 다하셨죠.

그리고

나는 엄마가 아시길 원해요.

내가 엄마를 얼마나 많이 사랑하는지를.

출처: 《ADHD 소녀들 이해하기》, 캐슬린 G. 네이도 외 지음, 박경신 외

옮김, 학지사, 2023

필요할 때 찾아보세요

ADHD 체크리스트

다음의 체크리스트는 미국정신의학회가 제시하는 ADHD 자가 진단 문항입니다. 각 항목별로 자신에게 해당된다고 생각되는 곳에 체크해보세요. 모든 문항에 표시를 한 뒤 해당 항목의 점수를 더해, 총점이 14점 이상이라면 ADHD를 의심해볼수 있습니다. 단, 이 결과는 가능성을 예측할 뿐이니 진단을 위해서는 가까운 정신건강의학과에 방문해서 면밀한 상담과 검사를 받아보시길 권합니다.

● 출처: Berk Ustun, et al, The Health Organization Adult Attention-Deficit/ Hyperactivity Disorder Self-Report Screening Scale for DSM-5. JAMA Psychiatry 2017;74(5):520-527.

사람들과 대화할 때, 얼굴을 마주 보고 이야기해도 집중이 안될 때가 얼마나 자주 있나요?

전혀 아님	드뭄	가끔	종종	자주
0	1	2	3	5

자리에 앉아 가지는 모임이나 상황에서 얼마나 이탈하나요?

전혀 아님	드뭄	가끔	종종	자주
0	1	2	3	5

혼자 시간을 보낼 때 이완하거나 느긋하게 쉬는 게 어려울 때가 자주 있나요?

전혀 아님	드뭄	가끔	종종	자주
0	1	2	3	5

대화를 나누면서 얼마나 자주 상대방의 말을 끊나요?

전혀 아님	드뭄	가끔	종종	자주
0	1	2	2	2

마감 시간 직전까지 얼마나 자주 일을 미루나요?

전혀 아님	드묾	가끔	종종	자주
0	1	2	3	4

생활을 질서 정연하게 유지하고 자잘한 것을 챙기기 위해 얼마나 남에게 자주 의존하나요?

전혀 아님	드묾	가끔	종종	자주
0	1	2	3	3

2 ADHD 진단 기준

정신건강의학적인 문제들은 전문가들의 합의에 따라 어느 정도 이상은 치료가 필요하다고 권유하는 기준을 정하고 이 진단 기준을 통해 진단하게 됩니다. 세계보건기구(WHO)에서 만든 국제 질병 분류 10판(ICD-10)과 미국정신의학회에서 만든 정신질환의 진단 및 통계 편람(DSM-5)이 가장 널리 사용되는 진단 기준이며, 이 두 가지 진단 기준의 내용은 대체로 비슷합니다. 다음의 진단 기준은 DSM-5에서 제시하는 ADHD 진단 기준에 따라 기술되었습니다.

● 출처: 대한소아청소년정신의학회 산하 웹사이트 'ADHD 주의력결핍 과잉행동장애' http://adhd.or.kr

A 기능 또는 발달을 저해하는 지속적인 부주의(①) 및 과잉행동/충동성(②)이 다음의 특징을 갖는다.

① **부주의:** 다음 9개 증상 가운데 6개 이상이 적어도 6개월 동안 발달 수준에 적합하지 않고 사회적, 학업적/직업적 활동에 직접적인 부정적인 영향을 미칠 정도로 지속됨
   ● **주의점:** 이러한 증상은 단지 반항적 행동, 적대감 또는 과제나 지시 이해의 실패로 인한 양상이 아니어야 한다. 후기 청소년이나 성인(17세 이상)의 경우, 적어도 5가지의 증상을 만족해야 한다.

☐ 종종 세부적인 면에 대해 면밀한 주의를 기울이지 못하거나, 학업, 작업 또는 다른 활동에서 부주의한 실수를 저지름(예: 세부적인 것을 못 보고 넘어가거나 놓침. 작업이 부정확함)

☐ 종종 과제를 하거나 놀이를 할 때 지속적으로 주의집중을 할 수 없음(예: 강의, 대화 또는 긴 글을 읽을 때 계속해서 집중하기가 어려움)

☐ 종종 다른 사람이 직접 말을 할 때 경청하지 않는 것처럼 보임(예: 명백하게 주의집중을 방해하는 것이 없는데도 마음이 다른 곳에 있는 것처럼 보임)

☐ 종종 지시를 완수하지 못하고, 학업, 잡일 또는 작업장에서의 임무를 수행하지 못함(예: 과제를 시작하지만 빨리 주의를 잃고 쉽게 곁길로 샘)

☐ 종종 과제와 활동을 체계화하는 데 어려움이 있음(예: 순차적인 과제

321

를 처리하는 데 어려움, 물건이나 소지품을 정리하는 데 어려움, 지저분하고 체계적이지 못한 작업, 시간 관리를 잘 하지 못함, 마감 시간을 맞추지 못함)

☐ 종종 지속적인 정신적 노력을 요구하는 과제에 참여하기를 기피하고, 싫어하거나 저항함(예: 학업 또는 숙제, 후기 청소년이나 성인의 경우에는 보고서 준비하기, 서류 작성하기, 긴 서류 검토하기)

☐ 과제나 활동에 꼭 필요한 물건들(학습과제, 연필, 책, 도구, 지갑, 열쇠, 서류작업, 안경, 휴대폰)을 자주 잃어버림

☐ 종종 외부 자극(후기 청소년과 성인의 경우에는 관련이 없는 생각들이 포함될 수 있음)에 의해 쉽게 산만해짐

☐ 종종 일상적인 활동을 잊어버림(예: 잡일 하기, 심부름하기, 후기 청소년과 성인의 경우에는 전화 회답하기, 청구서 지불하기, 약속 지키기)

② 과잉행동/충동성: 다음 9개 증상 가운데 6개 이상이 적어도 6개월 동안 발달 수준에 적합하지 않고 사회적, 학업적/직업적 활동에 직접적으로 부정적인 영향을 미칠 정도로 지속됨
  • 주의점: 이러한 증상은 단지 반항적 행동, 적대감 또는 과제나 지시 이해의 실패로 인한 양상이 아니어야 한다. 후기 청소년이나 성인(17세 이상)의 경우, 적어도 5가지 증상을 만족해야 한다.

☐ 종종 손발을 만지작거리며 가만두지 못하거나 의자에 앉아서도 몸을 꿈틀거림

☐ 종종 앉아있도록 요구되는 교실이나 다른 상황에서 자리를 떠남 (예: 교실이나 사무실 또는 다른 업무 현장, 또는 자리를 지키는 게 요구되

는 상황에서 자리를 이탈)

☐ 종종 부적절하게 지나치게 뛰어다니거나 기어오름(주의점: 청소년 또는 성인에서는 주관적으로 좌불안석을 경험하는 것에 국한될 수 있음)

☐ 종종 조용히 여가 활동에 참여하거나 놀지 못함

☐ 종종 "끊임없이 활동하거나" 마치 "태엽 풀린 자동차처럼" 행동함 (예: 음식점이나 회의실에 장시간 동안 가만히 있을 수 없거나 불편해함. 다른 사람에게 가만히 있지 못하는 것처럼 보이거나 가만히 있기가 어려워 보일 수 있음)

☐ 종종 지나치게 수다스럽게 말함

☐ 종종 질문이 끝나기 전에 성급하게 대답함(예: 다른 사람의 말을 가로챔, 대화 시 자신의 차례를 기다리지 못함)

☐ 종종 자신의 차례를 기다리지 못함(예: 줄 서있는 동안)

☐ 종종 다른 사람의 활동을 방해하거나 침해함(예: 대화나 게임, 활동에 참견함. 다른 사람에게 묻거나 허락을 받지 않고 다른 사람의 물건을 사용하기도 함. 청소년이나 성인의 경우 다른 사람이 하는 일을 침해하거나 꿰찰 수 있음)

B 몇 가지의 부주의 또는 과잉행동/충동성 증상이 12세 이전에 나타난다.

C 몇 가지의 부주의 또는 과잉행동/충동성 증상이 2가지 또는 그 이상의 환경에서 존재한다.(예: 가정, 학교나 직장, 친구들 또는 친척들과의 관계, 다른 활동에서)

D 증상이 사회적, 학업적 또는 직업적 기능의 질을 방해하거나 감소시킨다는 명확한 증거가 있다.

E 증상이 조현병 또는 기타 정신병적 장애의 경과 중에만 발생되지는 않으며, 다른 정신질환(예: 기분장애, 불안장애, 해리장애, 성격장애, 물질중독 또는 금단)으로 더 잘 설명되지 않는다.

3 병원에 가기 전에 생각해둘 것

① ADHD가 의심되어 진료를 받아보고 싶다면 생활기록부를 미리 준비해두세요. 2003년 이후 졸업자는 NEIS를 통해 온라인으로 발급이 가능하며, 2003년 이전 졸업자는 가까운 지역 교육청 민원실에 방문해 발급받을 수 있습니다.

② ADHD 진단 기준을 살펴보고 그에 해당하는 증상이 어릴 때 나타났는지 기억을 떠올려보세요. 잘 정리해서 미리 메모해두시면 의사와 면담 시 잊지 않고 침착하게 설명할 수 있습니다.

③ ADHD 증상과 상관없어 보이는 수면 문제라든가 감정 조절 문제, 대인관계 등에서도 어려움을 겪고 있다면 메모해두세요. 그것 또한 ADHD 증상 가운데 하나일 수도 있고 다른 질환이 원인이 되어 나타나는 증상일 수 있습니다. 또한 지속적 우울감, 불안, 강박, PMS, 운동신경이나 부상의 문제, 자극에 대한 민감도 역시 진료에 좋은 지표가 될 수 있으니 미리 기록해두시면 좋습니다.

④ 가족이나 어린 시절을 함께한 가까운 친척, 지인 등의 동반 면담이 필요할 수도 있습니다. 일종의 '참고인'으로 동반이 필요한 경우가 있으니 어린 시절의 모습을 기억하는 적절한 대상이 있는지 떠올려 보고 미리 부탁해두는 것도 좋습니다.

4 ADHD 진단을 위한 검사

① 자기 보고식 검사

성인 주의력결핍/과잉행동장애 자가 보고 척도
ASRS(Adult ADHD Self-Report Scale)
성인 주의력결핍/과잉행동장애 평가 척도
AARS(Adult ADHD Rating Scale)
코너스 성인 주의력결핍/과잉행동장애 평정 척도
CAARS(Conner's Adult ADHD Rating Scale)

피험자가 검사 문항에 대해 답하는 검사. 자신의 상태에 대해 '매우 그러함/가끔 그러함/전혀 그렇지 않음' 등 질문에 대해 정도나 빈도로 답을 선택하는 검사입니다. 점수가 높다는 것은 ADHD 가능성이 높다는 것을 보여주지만 이 검사만으로 확진을 하는 것은 아닙니다.

성인 ADHD 진단을 위한 면담
DIVA(Diagnostisch Interview Voor ADHD)

성인 ADHD 진단을 위해 전문가와의 면담을 구조화한 확진 도구에 해당합니다(이를 통해 의사와 면밀한 면담을 진행하게 됩니다).

② 컴퓨터를 이용한 검사

화면에 도형이 보이거나 소리 등이 들릴 때 키보드를 눌러 주의력을 평가하는 방식으로 진행됩니다.

종합 주의력 검사: CAT(Comprehensive Attention Test)

아동 및 청소년, 성인의 주의력을 평가하는 검사. 컴퓨터 화면에서 제시하는 도형과 소리 등을 보고 들으며 키보드를 입력하여 단순주의력, 선택주의력, 지속주의력, 분할주의력, 작업기억력 등의 주의력을 검사합니다.

지속 수행 검사: CPT(Countinuous Performance Test)

집중 상태를 얼마나 잘 유지할 수 있는가에 대한 검사. 주의력의 지속 능력과 충동성, 부주의를 특정하여 같은 연령대의 집단과 비교해 상태를 파악하는 검사입니다.

5	나와 잘 맞는 병원과 전문의 찾는 요령

사람마다 상황과 가치관과 취향이 달라서 단언할 수는 없습니다. 우선 나의 어려움이 심한 편이고 빨리 처치해야 하는 것이라면 진료를 최대한 빨리 볼 수 있고, 자주 방문할 수 있는 거리에 있는 곳을 택하는 것이 좋습니다. 그런 정도가 아니라면, 자신이 편안하게 방문할 수 있는 요소들을 점검해보는 것

이 좋아요. 주변의 추천이 있는 곳이라든가, 후기가 좋은 곳(사람마다 경험이나 느낌이 다를 수 있으니 참고만 하세요), 문의 전화를 했을 때 느낌이 좋은 곳 등도 다 판단의 기준이 될 수 있어요.

정신건강의학과 진료는 지지적이거나 인지 치료적 성격을 띤 정신 치료(상담)와 약물 처방으로 구성되어 있어요. 이처럼 약물 치료와 적절한 상담이 함께 진행될 때 가장 좋은 치료 성과를 얻을 수 있다고 합니다. 물론 심리 상담처럼 45분 정도의 긴 상담이 현실적으로 불가능한 경우가 많지만, 짧더라도 본인의 어려움과 이에 따른 느낌, 감정을 편안하게 이야기할 수 있는 의사가 나와 잘 맞는 의사입니다. 자세히 말해보자면, 진료실 안에서 증상, 약물, 생활 등에 대해 대화를 나눌 때 안전하다는 느낌이 드는 것이 좋은 치료적 관계의 바탕이라고 생각해요. 심리적 안전을 느낄 수 있다는 것은 내가 어떤 이야기를 하더라도 의사가 비난하거나 쉽게 단정 짓지 않을 것이라는 믿음, 그리고 대화 중에 잘못 전달되거나 오해가 있거나 불쾌할 때 이를 솔직하게 소통하고 바로잡을 수 있는 분위기라는 것을 말합니다. 즉 "우리(내 주치의와 나)는 우리의 치료적 관계에 대해 솔직하게 이야기할 수 있나요?" 라는 물음에 "그럴 수 있을 것 같다"는 느낌이 든다면 그곳이 잘 맞는 병원이라고 봅니다.

6   ADHD에 대한 정보를 얻을 수 있는 곳

ADHD 관련 정보 사이트

http://www.adhd.or.kr	대한소아청소년정신의학회에서 운영하는 ADHD 정보사이트
http://www.kacap.or.kr	대한소아청소년정신의학회

환자가 쓴 책

《젊은 ADHD의 슬픔》

성인 ADHD 진단을 받은 20대 여성, 정지음 작가가 쓴 자기 고백서. 뭐든 잊어버리고 잃어버리는 삶에 익숙했던 그가 ADHD 진단을 받으면서 겪은 눈물, 콧물 쏙 빼며 울고 웃는 이야기. ADHD 환자의 현실적인 일상이 생생하고 유머러스하게 담겨있어서 같은 처지의 독자들이라면 수시로 고개를 끄덕이며 읽을 수 있습니다. ADHD를 진단받은 이들이라면 작가의 당사자성이 생생하게 살아있는 솔직한 이야기에 공감하고 위로와 도움을 받을 수 있을 것입니다.

• 정지음 지음, 민음사, 2021

《우아한 또라이로 살겠습니다》

이 책의 부제 '마흔 살, 성인 ADHD 노동자가 일상을 사는 법'에서 알 수 있듯이, 정지음 작가와는 또 다른 연령대와 직업을 가진 ADHD인의 일상을 엿볼 수 있는 책입니다. 나와 비슷한, 또 어떤 점에서는 나와 다른, 다양한 ADHD인들의 삶을 간접 경험해보는 것은 환자로서 자존감과 자신감을 북돋는 방법이 될 수 있습니다. ADHD 진단을 받았을 때, 처음에는 당장 치료 방법을 알려주는 실용적인 책을 접하기보다는 같은 환자들의 이야기를 공유한다는 생각으로 읽어보세요. 뜻하지 않은 진단에 당혹스럽고 혼란스러운 마음이 들 때 다른 환자들은 어떻게 살아가고 있는지 들여다보면 조금이나마 힘을 얻을 수 있을 것입니다.

● 민바람 지음, 신재호 감수, 루아크, 2022

《나는 오늘 나에게 ADHD라는 이름을 주었다》

작가는 임상심리학자로서 대학에서 여러 환자들의 심리 상태를 검사하고 평가하며 살아왔습니다. 그런데 일을 하면 할수록 본인이 ADHD 환자 같다는 의심을 지울 수 없어서 진료를 받고 ADHD 진단을 받게 되었다고 합니다. 왜 좀 더 빨리 진단을 받을 수 없었을까 하는 문제의식을 파고든 끝에 여성 또는 여자아이들이 ADHD 진단에서 누락되는 현상을 발견하게 됩니다. 여성과 ADHD에 대한 깊이 있는 분석과 통찰을 접하고 싶다면 이 책의 일독을 권합니다.

● 신지수 지음, 휴머니스트, 2021

의사가 쓴 책

《나는 왜 집중하지 못하는가》

성인 ADHD에 대한 정보를 가장 대중적이고 이해하기 쉬운 말로 꼼꼼하게 담아낸 책입니다. 이 책의 저자 반건호 교수는 국내 최초로 《성인 ADHD 교과서》를 발간하고 한국형 성인 ADHD 진단 도구와 진료 지침을 만든 만큼, 국내에서 오랫동안 성인 ADHD에 대해 연구한 몇 안 되는 전문가입니다. ADHD라는 질환의 역사와 오해, 진단과 치료 등에 대해 전반적인 흐름을 이해할 수 있도록 쓰였으며 부담 없이 읽을 수 있도록 제작되었습니다.

● 반건호 지음, 라이프앤페이지, 2022

《성인 ADHD 해설서》

서점에서 《성인 ADHD의 개념과 진단 그리고 치료를 위한 지침서》라는 책을 본 적이 있다면, 그런데 너무 두껍고 묵직하고 교과서처럼 어려워 보여서 선뜻 집어들기 어려웠다면, 대신 이 책을 읽어보길 권합니다. 성인 ADHD 진단을 하는 정신건강의학과 의사들을 위해 쓰인 책이지만, 진단 과정을 들여다보면서 자신의 상태를 점검해볼 수 있다는 장점이 있습니다. 《성인 ADHD의 개념과 진단 그리고 치료를 위한 지침서》보다는 접근성이 좋고, 해당 책의 에센스를 녹여두었다고 할 수 있으니 공부하는 마음으로 한번쯤 읽어보면 좋을 책입니다.

• 이원익 지음, 하나의학사, 2022

《성인 ADHD의 대처기술 안내서》

ADHD 환자들에게 가장 필요한 실용서라고 할 수 있는 책입니다. 인지행동치료에 필요한 다양한 가이드와 소스들이 매우 구체적이고 섬세하게 담겨 있습니다. 지독하다 싶을 만큼 구체적이고 다양한 가이드가 소개되니 본인에게 필요한 부분을 적절히 찾아서 일상에 적용해본다면 큰 도움이 될 것입니다. 처음부터 끝까지 일독하기보다는 가장 시급하다고 느껴지는 파트부터 읽고 직접 시도해보기를 권합니다. 이미 굳어진 행동 패턴을 바꾸는 것은 어려운 일이라서, 가끔 다시 들춰보며 변화를 노력해보면 좋겠습니다.

• J. 러셀 램지, 앤서니 L. 로스테인, 한국성인ADHD임상연구회 옮김, 하나의학사, 2019

《여성 ADHD – 투명소녀에서 번아웃 여인으로》

스웨덴 여성 정신과의사 로타 보리 스코그룬드가 여자아이와 여성 ADHD 인들을 위해 쓴 책입니다. ADHD에 대한 연구를 바탕으로 남성(남자아이)과 여성(여자아이)의 증상이 각각 다르게 나타날 수 있다는 점을 강조하며 여성의 진단과 치료가 어려운 현실에 대해 이야기합니다. 여성의 증상에 공감하는 설명이 잘 서술되어 있고 뇌과학에 기반한 근거들도 이해하기 쉽게 잘 정리되어 있습니다.

• 로타 보리 스코그룬드 지음, 반건호 옮김, 군자출판사, 2023

《ADHD를 위한 마음챙김 처방》

ADHD 환자가 겪는 자기조절의 어려움으로 발생하는 마음의 여러 문제들을 '마음챙김'이라는 도구로 다스리는 구체적인 방법들을 소개하는 책입니다. ADHD 환자들은 일상생활과 사회생활에서 부수적인 스트레스에 시달리고 그로 인해 정신건강에 위협을 받는 경우가 많습니다. 이 책에서는 호흡, 명상, 걷기 등 총 8단계의 '마음챙김 훈련'을 통해 스트레스를 완화하며 정신건강의 균형을 찾을 수 있도록 돕고 있습니다. ADHD 환자들에게 구체적이고 실용적인 도움을 줄 수 있는 책이니 일독을 권합니다.

• 리디아 자일로스카 지음, 조현주 외 옮김, 북스힐, 2016

《ADHD 소녀들 이해하기》

소녀에게 나타나는 미묘한 ADHD의 징후를 분석해 ADHD 진단이 놓쳐버린 소녀들을 치료할 수 있도록 여러 방법들을 탐구한 책입니다. 불평등한 진단 탓에, 겪지 않아도 될 고통을 겪는 ADHD 여성 혹은 여자아이들의 성별에 따른 차이를 이해하고 필요한 지원이 무엇인지 꼼꼼하게 제시하고 있습니다. 여자아이를 기르는 양육자, 또는 ADHD로 인해 어려움을 겪고 있는 여성 환자와 그 가족들에게 많은 도움이 될 수 있는 책입니다.

• 캐슬린 G. 네이도 외 지음, 박경신 외 옮김, 학지사, 2023

《ADHD 성인을 위한 인지행동 치료》

제목 그대로 ADHD 성인을 위한 인지행동치료 방법을 상세하게 서술한 책입니다. ADHD 진단을 받고 약물 치료를 이어가면서 일상생활과 사회생활을 실질적으로 개선해나가고자 하는 환자들에게 매우 실용적인 가이드를 제공하고 있습니다. ADHD라는 질환과 함께 지혜롭게 살아가는 법을 알고 싶다면 한 번쯤 읽어보시기를 권합니다.

• 메리 V. 솔란토 지음, 신민섭 옮김, 시그마프레스, 2013

어쩌면
ADHD
때문일지도
몰라

어쩌면 ADHD 때문일지도 몰라
산만한 마음들을 위한 성인 ADHD 탐구서

1판 1쇄 발행 2024년 1월 23일
1판 3쇄 발행 2024년 8월 1일

지은이 안주연

펴낸이 김유열
디지털학교교육본부장 유규오 | **출판국장** 이상호 | **교재기획부장** 박혜숙
교재기획부 장효순 | **북매니저** 윤정아, 이민애, 정지현, 경영선

책임편집 정유민 | **디자인** 구삼삼공일오디자인 | **일러스트** 최진영
인쇄 애드그린인쇄

펴낸곳 한국교육방송공사(EBS)
출판신고 2001년 1월 8일 제2017-000193호
주소 경기도 고양시 일산동구 한류월드로 281
대표전화 1588-1580 | **홈페이지** www.ebs.co.kr
이메일 ebsbooks@ebs.co.kr

ISBN 978-89-547-8228-9 (03180)

ⓒ 2024, 안주연